蔡仲淮 ◎ 著

重塑家庭教育

中国纺织出版社有限公司

内 容 提 要

家庭教育是孩子成长的根基，它的内容往往超越一般的培养、传授、训练或辅导，可以统称为生命的分享。家庭教育掺杂着许多变数、不稳定性和不可预测性，它需要家长更多的观察、思考、体验和感悟。阅读本书，让自己有足够时间思考，有足够的空间让孩子成长与探索，相信会有转机让这些教育的疑惑迈向豁然开朗的境地，让家庭教育开花结果。我们也结合多年来的心理临床经验，提供实用的知识与技巧，期待为家庭教育相关的每一个人带来前进的动力，为家庭关系的重塑提供力量。

图书在版编目（CIP）数据

重塑家庭教育 / 蔡仲淮著.--北京：中国纺织出版社有限公司，2022.10
ISBN 978-7-5180-9891-0

Ⅰ.①重… Ⅱ.①蔡… Ⅲ.①家庭教育 Ⅳ.①G78

中国版本图书馆CIP数据核字（2022）第180513号

策划编辑：向连英　　责任编辑：顾文卓
责任校对：高　涵　　责任印制：储志伟

中国纺织出版社有限公司出版发行
地址：北京市朝阳区百子湾东里 A407 号楼　邮政编码：100124
销售电话：010—67004422　传真：010—87155801
http://www.c-textilep.com
中国纺织出版社天猫旗舰店
官方微博 http://weibo.com/2119887771
三河市延风印装有限公司印刷　各地新华书店经销
2022 年 10 月第 1 版第 1 次印刷
开本：710×1000　1/16　印张：14
字数：156 千字　定价：49.80 元

凡购本书，如有缺页、倒页、脱页，由本社图书营销中心调换

推荐序

生而为父母,我们都知道养育孩子的起点在哪里,却不知道其终点会落向何处?而在这段未知的旅程中,孩子虽然赋予了我们父母的称谓,我们却不知该如何扮演父母的角色!

回想当初,接到导师蔡仲淮教授的邀请,有幸参与《重塑家庭教育》一书的整理工作,甚感激动,有幸运也有担忧。幸运的是我可以参与实践,把我工作中的经验分享给更多家庭,担忧的是如何才能更好地去完成这份工作。人生最大的成就是成就他人的人生,为他人助一臂之力,蔡老师如是,我希望自己在这个方向上也能实现自己的梦想。

作为妈妈,在养育女儿的路上磕磕绊绊。此刻回想,错失了很多,那时候不懂早期养育的重要性,也没有人教我如何成为一个合格的妈妈,跟女儿的亲子互动只能算是未经雕琢的本色出演。俗话说"玉不琢不成器,人不学不知义",我觉得用在父母养育孩子身上最贴切了。孩子生来或是一块璞玉,而父母却不是天生的雕琢工匠。可惜时光无法倒流,如果当时能学习心理学,或者在成为妈妈之前能有这样的一本书作指引,或许会少走些弯路。虽然我为错过了孩子成长的些许时光而感到遗憾,但也正是如此,促使我更深入地去学习心理学,去学习如何成为一个妈妈。

作为曾经十余年在教学一线的教师，十年的磨砺对我来说甚是宝贵。每天面对的是一大群搞不定的孩子，工作最初充满活力的青春都倾注在这些孩子身上。那时候开学第一课是例行的学期初家访，这可让我最快地去了解一个孩子的基本全貌——不同的家庭、不同的父母、不同的孩子。每一个孩子都是家庭的希望，而孩子作为家庭的一个重要部分，又是在不断变化的。面对他们，我的脑袋里却有越来越多的"为什么"，翻烂了教育心理学，想搞懂孩子们的心在想什么，秉持着育人为先的教学理念我不断前行，慢慢地，孩子们变了，这也愈发让我对心理学产生了兴趣。与孩子们相处的时光，至今回想起来，依然闪烁着光芒！

盘点十余年教学生涯，收获与缺失并存，喜忧参半，当我的教学生涯上画上一个句号时，我也走入了新的起点——学习心理学。

作为一名心理工作者，我清晰地记得十多年前我接待的第一个来访者就是被医院诊断为多动症的小男孩。为此，我每天翻阅大量的心理学书籍，查找相关资料。学习总是如此，打开一扇新领域的大门，才会真切地感受到自己的浅薄与无知。

跟随蔡老师深入学习心理学，除了日常上课让我见识到最为前沿、有效、实用的心理学知识和实操之外，每次遇到个案的困境，与蔡老师探讨，老师三言两语就让我豁然开朗。感谢老师的倾心教学，也让我立志在专业领域不断精进。

参与本书的整理工作，对于我来说，是我专业能力提升最快最有效的过程。在不断整理个案的同时，蔡老师不厌其烦地教导，很多曾经困扰我的问题都得到了解决，并且整合了我自身的知识体系，应该说我才是最大的受益者。

养育孩子，我们尊重每个人的生命是变化的流动的，而作为父母的我们，在养育孩子的过程中遇到困惑时，我们看到的是每个孩子在其生命长河中呈现出来某个横截面的现象。经由一个现象去追溯过往，再预测未来，正是心理学人该具备的思维和眼光。

《重塑家庭教育》这本书，正是带着成长型的思维，从婴幼儿到儿童再到青少年长大成人，我们既可以帮助你找到当前养育孩子中有效的养育方式，又可以让你了解孩子未来可能会面临的问题。养育孩子是系统工程，作为父母更要有系统思维。那么，就从阅读这本书开始，学习如何成为父母。

许新依

2022 年 8 月

前言

多年来，在各种心理工作的经验中——无论是心理咨询，还是在各种培训课程及讲座中，总会遇到许多来访者或学员提出这样一些问题：

"老师，我经常会被孩子的行为搞得心烦意乱。"

"老师，我受到原生家庭的影响很大。"

"老师，我的父母总是……"

"老师，我的孩子总是……"

在学习心理学的道路上，总会遇到一个主题：原生家庭。原生家庭影响的层面太广也太深，涵盖了个人的成长、家庭和谐、亲密关系，甚至工作表现或人生整合等，牵一发而动全身。

现在国家已经开始关注家庭教育，出台了一系列变革政策。古人说：修身、齐家、治国、平天下。家庭一直扮演着承上启下的重要角色，既成就了许多丰功伟业，也背负了众多"黑锅"。而家庭教育，也是当前家长、学校与教师，甚至孩子及学生，都需要慎重思考的课题。

在干预家庭教育相关的心理工作中，当父母带着孩子来到咨询室时，我会向父母询问跟孩子相关的一些情况，也可能会请孩子对一些问题做出回答。出现的情况往往是，父母总是在描述孩子身上存在的问题，并在孩子身上找原因，很少去思考造成孩子这些问题的环境，特别是家庭教育环境或系统中是不是出现了问题。

家庭教育是孩子成长的根基，其内容超越了一般的培养、传授、训练或辅导，可以统称为：生命的分享。家庭教育的方法并不存在绝对的对错，而是有着许多变数、不稳定性和不可预测性，需要家长更多的观察、思考、体验和感悟。

"我是不是做错了？"

这是我与家长互动中最常听到的疑惑，家长对孩子付出得越多，这样的感觉就会越强烈。

"都试过了，没有用！"

许多家长也会如此抱怨。我无法否认，有时连我自己也会有这样的感觉，即便掌握着专业心理学知识与技能，用尽心理学知识和技能来关怀及教养孩子，仍然避不开孩子在成长过程中的情绪与行为脱序，也需要立正站好，听他人告诉自己怎么教养孩子。但知识、信念与坚持就像阳光、空气和水，可以让教育的种子得以发芽、茁壮成长。

教育的路途任重而道远，风景并不总是那么美丽，但路边偶尔出现的小花会让我们知道，百花绽放的秀丽风光就在路的尽头。于此，在因缘际会中，我们决定撰写这本《重塑家庭教育》。

虽然我们不是魔法师，打个响指便能改变所有的问题，但若你愿意，跟随我们的脚步，拿出足够时间与我们一同思考和探索，提供足够的空间让孩子成长与摸索，相信会解决教育中的疑惑，迈向豁然开朗的境地，让家庭教育这棵大树开花结果。

我们将至今所学所识，结合多年来的心理临床经验，衍生出书中的各个单元，为读者提供实用的教育知识与技巧，期待为家庭教育中每一位困惑的父母带来思考及前进的动力，走出家庭教育的误区，真正走进孩子的心灵，和孩子共同成长。

同时感谢许新依、蔡嘉伦、陈伯炜、赵莉、曾林梓倩、石海梅、廖毅琳、高婧静、胡阳平、林栢添、张硕、吴沛清、袁丹丹的协助，让这本书可以顺利地完成。

蔡仲淮
2022 年 8 月

Contents 目 录

第一部分　了解养育

第一章　儿童的发展阶段　/ 2
一、构成儿童发展的基本特质　/ 3
二、父母角色与孩子成长　/ 16
三、父母的教养方式对孩子的影响　/ 26
四、父母与青少年的新型关系　/ 30

第二章　情绪管理与训练　/ 36
一、儿童情绪管理与训练　/ 39
二、青少年情绪管理与训练　/ 51

第三章　了解孩子的行为　/ 57
一、生活形态的养成　/ 57
二、生活形态的影响因素　/ 59
三、辨识不良行为　/ 69

第四章　鼓励：建立自信和自我价值　　/ 90

一、父母应该避免的态度和行为　　/ 90

二、父母表达鼓励的态度和行为　　/ 98

三、鼓励和称赞的差别　　/ 105

四、鼓励的用语　　/ 109

第二部分　沟通技巧

第五章　倾听孩子的话　　/ 118

一、辨识问题的归属　　/ 118

二、有效倾听者的态度　　/ 120

三、倾听的阻碍因素　　/ 121

四、反应式倾听的运用　　/ 125

五、封闭式反应与开放式反应　　/ 130

六、使用反应式倾听的注意事项　　/ 131

第六章　沟通探索与表达　　/ 136

一、探索多种选择的步骤　　/ 137

二、"我讯息"和"你讯息"　　/ 143

三、怎样表达"我讯息"　　/ 144

四、与儿童沟通中"我讯息"的运用　　/ 146

五、与青少年沟通中"我讯息"的运用　　/ 149

第三部分　养成习惯

第七章　培养孩子的合作能力和责任感 / 152

　　一、合理后果与惩罚的区别　/ 154

　　二、动机与态度对合理后果的影响　/ 156

　　三、合理后果法的基本原理　/ 158

　　四、应用合理后果法处理问题的基本步骤　/ 166

　　五、应用后果法的注意事项　/ 169

第八章　自然而合理的后果应用 / 173

　　案例一：早上的拖拉　/ 173

　　案例二：关于整理　/ 174

　　案例三：忘带书本物品　/ 175

　　案例四：偏食挑食　/ 176

　　案例五：衣服搭配　/ 176

　　案例六：刷牙　/ 177

　　案例七：承担家务活　/ 178

　　案例八：做作业　/ 178

　　案例九：发脾气　/ 179

　　案例十：手足之间的争吵　/ 180

第九章　家庭会议 / 181

　　一、家庭会议守则　/ 181

二、家庭会议的时机选择　　　　　　　　　　　/ 184

三、家庭会议的技巧　　　　　　　　　　　　　/ 184

四、家庭会议范例　　　　　　　　　　　　　　/ 187

第四部分　特殊问题的解决

第十章　儿童养育中需注意的问题　　　　　　　／ 192

一、儿童养育中的注意事项　　　　　　　　　　／ 192

二、家庭联盟的建立　　　　　　　　　　　　　／ 194

第十一章　特殊问题的挑战　　　　　　　　　　／ 196

一、父母离异对孩子的影响　　　　　　　　　　／ 196

二、重组家庭关系的处理　　　　　　　　　　　／ 200

三、青少年特有的问题　　　　　　　　　　　　／ 203

第一部分　了解养育

第一章　儿童的发展阶段

毋庸置疑，为人父母的你们都是想要把孩子抚养成人，不仅要有健康的体魄，还要有健全的人格，若是能有所成就，你会更欣慰。然而，身处快速发展的互联网信息爆炸的时代，你要获取育儿信息似乎变得很容易，但养育孩子却变得越来越难了。究竟要培养一个怎样的孩子？你期望孩子有哪些品质？

列举一下：你期望你的孩子能展现活泼快乐的天性，善于发现生活的美好，快乐享受生活；遇到困难时，你期望他是勇敢自信的，能面对挫折；做事情有担当，负责任，懂得与他人合作；爱劳动，尊重他人，懂得感恩……所有这些，都是你们培养孩子期望得到的品质。

从孩子出生那一刻开始，你们就对这小生命寄予了美好的希望，开始设法塑造影响孩子的行为。但是，每个孩子都有其特质，也正是这些特质，构成了孩子独特个体的一部分，你在培养孩子活泼快乐、勇敢、自信、合作等品质时，是否要了解孩子与生俱来的特质，以及在塑造其人格中扮演的角色呢？

一、构成儿童发展的基本特质

每个孩子都有自己特殊的性情或行为方式,并有各自的发展速率及发展形态,教养孩子的目的在于配合他们独有的特质,而不在于试图改变这些特质。

根据研究表明,每个孩子都是独特的个体,与生俱来的性情在儿童期基本上维持不变,这与智力和才能并不相关。比如有些孩子性格温顺,环境适应能力强;有些孩子敏感,爱哭闹;有些孩子睡觉安稳踏实;有些孩子睡觉没有规律,容易惊醒;有些孩子对新环境充满好奇,会观察;有些孩子对陌生环境躁动不安……他的反应方式和态度,正是其独特个性的表现,你只有了解了孩子的某些行为表现是天生如此,才能更好地养育孩子。

(一)发展速率

儿童的发展有个体差异,会呈现出个别的速率和形态,在孩子发展里程碑上,每个孩子各有不同的时间表。

儿童发展表(表1-1)上展示的是儿童表现的某些事件的平均年龄,但是并没有一个儿童总是在平均数上,每个儿童总会有一个或多个发展行为跟表上不一致。

表1-1 儿童发展表

年龄	孩子学些什么	特质和能力
出生~3个月	信任,合作,个人权威	抬头,抓握,发声,微笑,接触他人时报以微笑,表现兴奋、高兴、无聊、沉闷,饮食睡眠开始趋向规律化

续表

年龄	孩子学些什么	特质和能力
3~6个月	经由身体的移动来影响环境	通过扶持能坐，伸展肢体探取物品，突然地抓取物品，认识熟悉的物品，模仿声音，口头表达喜怒
6~9个月	觉察自己行为造成的结果	能坐，扶持时能站立、爬行，能用拇指和食指抓握小物件，会用杯子喝水，有深度知觉，变得更具独立性。模仿行为，也许知道自己名字，注意他人的感觉，比如同龄的孩子们，会与他们一起哭笑，对陌生人会感到焦虑不安，甚至对熟悉的人也会如此
9~12个月	进一步提升觉察自己行为造成结果的能力	会站，会爬着上下楼梯，抓握的本领增强，穿衣开始合作，或许能说几句话，表现并能体会情绪，对非语言式的沟通有知觉。容易情绪化，害怕陌生人，怕和妈妈分离
1岁	开始有自信	能走（15个月左右），喜欢探索，爱倒空、填满东西，抛物，丢东西，能自己吃东西，要求独立，同时也要有所倚赖，语言比较清晰，逐渐成为幼儿
2岁	自信增加	独立性增强，什么都想自己来，有时又会回归到婴儿期，较好地自由走动，能说2~4个字的短句，喜欢说"不"，开始问"什么""为什么"等，注意力及记忆力增强，喜欢帮忙做事，开始在其他孩子旁边玩，大小便的控制能力增强
3岁	增强社会适应能力	开始更好地合作，整体、精细动作的技能因协调能力的增加更趋成熟，喜欢说话，听故事，想要跟父母一样，区分性别差异，自己能选择穿衣，喜欢同伴，开始学会轮流、分享，开始懂得时间的概念，基本能控制大小便
4岁	综合以前所学的能力并提升	喜欢跟同伴玩耍，想象力增强，或许有想象的朋友，对家和家庭有明确的概念，喜欢跑、跳、爬等，精细动作大有进步，喜欢说话，表达想法，提问复杂的问题，对时间的过去有感悟

续表

年龄	孩子学些什么	特质和能力
5岁	适应儿童期以及正式教育的世界	在意同伴的意见,有初步的推理能力,手、脚动作控制能力良好,手眼协调能力仍未发展成熟,偶尔会因失手而发生意外,表达能力进步快,对父母的感情日益深厚,能帮助父母,喜欢交朋友,与两性朋友都能玩耍,开始有公平感,要求独立,希望能被当作大孩子一样看待

案例1:

一岁大的小雨由妈妈带着去公园,碰到比她小一个月的小添,小添摇摇摆摆能走几步了,小雨却在爬行垫上满地爬。

小添妈妈问:"好奇怪哦,小添比小雨小一个月,他已经会走几步了,小雨怎么还不会呢?"

小雨妈妈回答:"不着急,小雨爬得充足了,等时机成熟的时候,她自然而然会走的。"

在学走路上,小添和小雨就存在一定的差异,即小添会走路的时间早一些,而小雨晚一些。

在儿童成长过程中,差异的出现是一种正常现象,因为每个孩子都是不同的。

案例2:

两岁大的瑶瑶对节奏非常有感觉。每次一放音乐,她的身体就会随着韵律舞动起来,而她双胞胎的妹妹琼琼就无动于衷了。瑶瑶每次跟着音乐跳动的时候，妈妈很想拉着琼琼，让她跟姐姐一起跳，琼琼木讷地站在原地，看着姐姐跳，偶尔身体一摆动，怎么也踩不到节拍上。

这个案例告诉我们，即使是双胞胎，在行为动作的习得上也不一定是同步的。

孩子的生长发育要经历一个持续性的过程，各器官系统的发育速度也不一样，我们要正确认识这个问题。为了帮助孩子发展，要多观察、多接纳，并为他们提供成长的机会，决不能揠苗助长，更不能为了训练孩子的各种能力而将孩子带进早教机构。其实，只要多观察孩子擅长或欠缺的能力，在日常生活中对欠缺的能力加强训练就可以了。

（二）发展形态

所谓儿童的发展形态，就是语言、动作、认知、行为等能力的发育特点。比如，有的孩子语言表达能力强，有的则不善言辞；有的孩子活泼好动，有的则内向安静；有的接受能力强，有的学习能力弱；有些孩子喜欢在公开的场合表现自我，有些孩子则会躲躲闪闪，先要适应陌生的环境；有些孩子在低幼年龄表达能力弱，很少说话，但到某一时刻突然井喷一般，变得口若悬河；有些孩子在生理、情绪、智力以及社会交往能力等发展上可以步调一致均衡发展，有些孩子则是一个领域一个领域地慢慢发展。

孩子是按照自己的形态来发展的，都有自己的发展顺序，我们要对这一特点正确认识，提前为孩子做准备，以便迎接不断的挑战。值得注意的是，孩子都是按照自己的成长速度和形态发展的，只要时机成熟，总会熟悉所学的新技能。

案例3：

晨晨一岁半了，还不会喊爸爸妈妈，同龄的孩子都已经可以说简单的字了，也会有意无意地称呼家人。妈妈可着急了，带她去生长发育门诊，医生检查说没有任何问题。其实晨晨很喜欢听妈妈给她讲故事，听的时候晨晨非常的安静专注。她也很喜欢听音乐，听各种风格的音乐她会有不同的情绪表现，这或许是得益于妈妈在家常年听音乐的缘故，包括胎教音乐。妈妈还发现，晨晨在家人谈话时，她也是很安静专注的，她的眼神会随着说话人的改变而不停地转动。等到晨晨快20个月的时候，有一天她突然说话了，而且口齿非常清晰，更令人惊奇的是，她居然能够说一句连贯的话，当然叫爸爸妈妈也不在话下，这让全家人感到非常惊喜。

不同的儿童，某个发展阶段或某个新能力出现的时间有早晚之分。这种差距不只是十天半月，有时可能会长达两三个月之久。父母要和孩子多交流，还要借助身体语言、面部表情等非语言方式与孩子交流。当然，跟孩子进行语言交流时，要简明扼要，使用准确清晰的语言。

（三）婴幼儿及儿童的学习发展

1. 婴儿学习信任感

婴儿是指初生、会坐、会爬、会走的孩子，一般从出生到15~18个月。在这个阶段，他逐渐学习对成人的信任感，相信你可以照料他们的基本生理需求，会倾听他们的哭泣，会保护他们。进而学习信赖自己，照顾他们自身的需求，比如抚摸衣服、毛毯来安抚自己，通过爬行抓取自己想要的物品，还能通过吮吸手指等自娱自乐。逐渐地，他们还学习信赖自身所处的环境，发觉世界多姿多彩的变化。比如床是柔软的，桌子是硬的；苹果是甜的，橘子是酸的；球可以玩，打针是痛的。

案例4：

15个月大的小梦已经会走了，每次她在妈妈的身边想要往前走出去的时候，她会先看一下妈妈，然后坚定地往前走两步，立马又回头看妈妈。就这样，每走几步，她总要回头看看妈妈，她看到妈妈也在看着她，对她微笑着点点头，这让她觉得她可以继续往前走，妈妈就跟在她身后，不紧不慢地保持一定的距离，她觉得非常安全。

在低幼阶段，孩子对父母是依赖的，同样只有从父母那里得到关注和鼓励，他们才觉得自己是安全的。因此，为了让孩子感受到足够的安全感，首先就要让他们信任你。比如：

宝宝饿了，要给他们准备好可口的饭菜；

宝宝困了，要陪伴他们安静地睡觉；

宝宝哭了，要安慰他，让他们的情感有所寄托，继而安静下来；

宝宝学习，要给他们鼓励，让他们提高做事的信心。

2.幼儿尝试独立

婴儿学会信任以后，在成人的保护下，他会更多地探索世界，试着独立行事。比如坚持"我"来做，学到了自我信赖的特质；他们眼里的所有东西都是"我的",这是所有权的体现;对环境有不安全感,害怕黑暗或陌生人;逐渐有自我控制的能力,可以温柔地接触抚摸小动物。凡此种种,都是幼儿在成长的道路上迈进。

案例 5:

两岁半的小可,洗澡的时候可喜欢玩水了,有时候洗完澡他还不愿意从小浴盆出来。妈妈用毛巾给他擦洗身体,他总想把毛巾扯过来。妈妈准备了一条适合小可的小方巾,一边帮小可擦身体,一边告诉小可该怎么擦,小可学着妈妈教的方法擦洗,再按照妈妈的方法把小毛巾拧干,很配合地慢慢爬出小浴盆,擦干身体。我们可以看到小可并不是单纯地想玩水,他是想要学习自己动手洗澡。

孩子的能力都是逐渐习得的,当他们到了一定年龄,学习欲望会变得更加强烈。其实,这也是他们渴望独立的一种表现。因此,在日常生活中,我们要关注他们对独立的渴求,并给他们提供机会,让他们一点点学会做事。比如:

孩子吃饭,想使用筷子,如果一时无法掌握要领,就要手把手地教给他们;

孩子想要洗自己的小袜子,要告诉他们,重点是清洗脚底等容易脏的地方,并告诉他们该放多少洗衣液、如何揉搓;

孩子想要画简笔画,要告诉他具体的顺序,比如从上往下、从左到右、先周围后中间等。

3.学前儿童开始展现创造力

经过婴幼儿期的发展，学前儿童已建立了基本的人际关系所需的信任感和独立性。他们逐渐展现出了艺术、发明、创造力方面的特质，在他们眼中，身边的洋娃娃、水杯、花草、玩具等各种物品，都可以成为他们艺术创作灵感的源泉，并且把这些物品生动地展现在各种情境中。

学前儿童在玩过家家游戏时，会模仿他们接触到的成人，扮演父母照顾孩子，扮演老师教学生，扮演医生打针等。他们以自身的处境创造出幻想的世界。在游戏中，语言被应用在复杂的故事中，他们喜欢听故事、编故事，创造新的语言，所谓的童言无忌也正是指这个时期的孩子。

案例6：

冉冉非常喜欢《小猪佩奇》的故事，她好想自己变成小猪佩奇。每天临睡前，冉冉就变成小猪猪，妈妈就是大猪猪。妈妈给她讲完书本上的故事之后，还会把自己白天遇到的事情编成故事，冉冉也把自己在幼儿园的事情编成小猪佩奇的故事讲给妈妈听。就像今天，"小猪佩奇"的幼儿园，去了公园踏春，一路上看到交警叔叔站在红绿灯路口帮助他们过马路，她在故事中表达了感谢。看到公园各种颜色的花开了，她可开心了。冉冉和妈妈正是通过创造故事的方式，把生活当中的乐趣和遇到的烦心事告诉对方，这是属于她俩最快乐的时光。

创造力是一种思维能力，它并不是漫无边际、天马行空式的创意，而是能提出问题、解决问题、创造新事物、帮助人适应环境等的能力，培养宝宝的创造力是父母能为他们做的最好的事。

（1）创设条件发展孩子的动作。大脑是思维的主体，动作的发展可以有效促进大脑的灵活度，父母应尽量促进孩子动作的发展。

（2）发展孩子的语言能力，包括语言理解和语言表达。语言是思维的工具和表达形式，提高语言能力，思维才能更清晰。

（3）丰富社会经验。知识源于生活，丰富的生活经验可以为孩子的创造性思维提供丰富的素材。

（4）启发思维。为了提高孩子的创意，要随时随地启发孩子就日常生活中简单的事物展开联想。

（5）利用故事引发孩子的联想。故事是孩子喜欢的一种形式，让孩子续编故事也是一种培养创造思维的理想方式。

（四）青少年发展阶段

请你回想一下自己的青少年期，你是否还记得，那种介于儿童与成人之间的别扭时期？现在的青少年也是如此，只是他们受到的压力和挑战比你之前更多更大了。网络、微信、QQ、游戏、动漫、音乐、时尚、网红、主播……无所不在地充斥着他们的世界，海量的信息吸引着他们的注意力。这对当下的青少年来说产生了巨大的影响。而带给他们更多影响的因素来自他们的身体本身，随着身体的生长发育，情绪的波动也伴随而来，他们时而觉得自己长大成人，时而又会觉得自己还是孩子。青少年对自己生命的认识，深切地影响着他们对自己青春期的反应。

案例 7：

14 岁的杨力最近可苦恼了，一回到家，他就唉声叹气或是一声不吭。爸爸妈妈对他非常关心，看到他这样，不停地追问："你怎么了？""是不是有什么事情？""需要我们的帮助吗？"……杨力知道爸爸妈妈关心他，但他自己也不知道自己怎么了。这段时间，他就觉得自己的情绪每过几天就会低落，但又马上能恢复过来。

青春期阶段，孩子们经常会陷入一种莫名焦虑的情绪中。在日常生活中，父母一定要高度重视。

（1）要让孩子养成良好的生活习惯，合理作息时间，科学饮食，及时调理自己的身体，积极应对焦虑。

（2）注意劳逸结合。在平时的生活中，要让孩子养成早睡早起的习惯，尽量减少长时间熬夜。

（3）要控制好情绪，保持心情愉快。

（4）多进行体育锻炼，学习之余可以多参加一些户外活动，或进行一些有氧运动，转移注意力，增强体质，提高身体免疫力。

（5）进行情绪的自我调整。在平时生活中，要让孩子树立自信心，相信自己有能力处理好事情，面对困难时可以进行自我心理暗示，相信自己，自我放松，不要太过紧张。

案例 8：

佳佳非常喜欢明星周笔畅，对于周笔畅的唱片、海报等资料，她都一并收集着。这一次她和妈妈一起逛街，她跟妈妈提出来要自己决定买什么样的衣服。她看中了一件非常个性的黄色卫衣。妈妈觉得这件衣服太特别了，不适合平时穿。佳佳说，周笔畅有一款类似的衣服，那种感觉太好了，况且她只是打算在周末的时候穿。母女俩就在店里，为是否买这件衣服产生了分歧。

孩子的青春期，对父母和孩子来说都是一段艰苦期。在孩子的外在行为上，你和他的审美产生了分歧，个性怪异的穿着打扮，包括对物品的选择等。在孩子的学习上，他不希望你指点江山，他更有自己的主见态度，或许在你看来很不成熟。在兴趣爱好上，他追求的娱乐休闲、音乐明星也与你不尽相同了……总之，青少年在这个阶段逐渐形成自己全新的价值体系。在这种情形下，作为父母的你也会陷入焦虑，怕孩子接触不良的朋友，怕孩子早恋，怕孩子身心受到伤害。所以更好地了解青少年，可以帮助孩子和家庭更好地度过这段时期。

（五）解读青春期孩子的归属感

青少年时期是追求认同的时期：我是谁？我的生命意义何在？我如何证明自己的重要性？如何让同伴在意自己接纳自己？在青少年的心里，父母的位置逐渐退出了历史舞台，他们更在乎的是被同伴接纳。儿童时期的归属感来于父母和家庭，进入青少年期的时候，他们的注意力从父母转向同伴，寻求同伴的支持，对青少年来说是他进入成年阶段必经的步骤。穿着打扮跟同伴一致，追同一个明星，玩同一款游戏，听同一首歌曲，看同一部电影，参加同一个聚会，对他们来说都是很重要的。如果被同伴冷落排挤，对他们来说简直是像被抛弃一样令人受不了。

案例9：

刚进入高中的允儿对学校的社团活动非常感兴趣，她详细地了解各个社团的报名规则，经过比较她很想参加模拟联合国社团。她了解到，这是一个选拔非常严格、非常能锻炼个人能力的社团，她甚至认为，进入这样的社团，对她的高中生活而言是有特殊意义的。她查找资料，收集面试的题目，多次去寻求学长学姐的帮助，还邀请自己的两位好朋友跟她一起报名这个社团，为此她忙碌了整整两个星期。而这一切，她都没有跟父母交流，她想要自己独立去面对这次选拔。

当青少年不断向外寻求自我认同时，作为父母的你会感到失落，甚至感到挫败。但是，我们也认为，这些是青少年典型的行为举止。他们表面上认同归属于同伴，其实也是在试图脱离父母为他们做的决定，学习自己做决定。只要他们做的决定不伤害自己和他人，我们建议，你可以给他机会听他说，观察他，试着了解他，给他机会让他自己去承担后果和责任。他们会在自己的尝试中对自己所要的目标和价值观越来越清晰。

案例10：

高二的小周，在跟父母相处的时候似乎无话可说。父母想从他那里打探到更多关于他学校生活的消息，他常常是一副无可奉告的样子。父母很纳闷，他跟同学在一起的时候可不是这样的。

其实，随着孩子的长大，他会有自己的秘密，有些秘密只适合和同伴分享。就像小周，他非常欣赏隔壁班的某个女生，他可以很放松地跟好朋友谈论关于那个女生的事情，在谈论的过程当中，他会觉得非常开心。同学之间也会交换相互的秘密，陪伴彼此的成长。但这一切他认为是无法跟父母言说的，否则只会引起父母的误会或者轩然大波。

青春期的孩子生理发育迅速成熟，智力发展迅猛活跃，情绪发展强烈多变，自我发展凸现高涨，情爱发展纯洁幼稚，个性发展可塑性强，致使他们处于半成熟、半幼稚、半服从、半逆反、半独立、半依赖、半闭锁、半开放等心理状态。他们想要与家长沟通，但同时又觉得自己已经长大，很多事情应该独自面对和承担，继而就变得越来越不喜欢跟大人说话或吐露心声了，都有了自己的小秘密。父母要尊重孩子的隐私，不要窥探他们的秘密。

（1）保持冷静和理智。如果对孩子不满，也不要唠叨个没完，因为孩子非常讨厌唠叨。不管在任何时候，父母都要保持理智和冷静，为孩子多想想，做一个民主开朗的父母。

（2）重视身体语言。父母对孩子的关爱和信任、重视和赏识，并不需要用语言来表达，只要一个微笑、一个眼神、一个亲吻或一个手势，都能对孩子传递各种情感。

（3）不要随意打断孩子的话。跟孩子说话时，父母要当好倾听者，不要随意打断孩子的话，无论孩子说错了什么，都要控制自己的情绪，耐心听下去，等他们说完，再教育他。当然，听孩子说话的时候，要尽量排除外界的干扰，消除噪音。比如，关掉电视机和电脑、让手机保持静音等。

二、父母角色与孩子成长

（一）父母的期望在儿童行为中的影响

在你了解孩子的独特个性和发展形态之后，你可以审视一下自己在孩子成长当中扮演了怎样的角色？对孩子的行为又有何影响？你在教养孩子的过程中多少都会带有预期，有时甚至是满怀期望，当然也免不了各种担心。事情的发展有时会变得很神奇，你担心的、你期望的可能会跟你的想法很合拍，糟糕的或美好的都如约而至了。比如你认为你的孩子是顽皮捣蛋的，不爱写作业的，孩子就会"如你所愿"地表现出最坏的一面。反之，你认为孩子是积极的，可爱的，合作的，他就能感受到你的期望，并尽可能地去达成你的期望。也就是说，父母期望（担心）孩子长成什么样，并持续把孩子当成期望（担心）的人去对待，孩子便会朝着那个方面发展。所以说期望具有无比的影响力，你的期望越具正面性的，则越能获得孩子的合作。

案例 11：

璇璇有一个非常负责任的妈妈，由于璇璇从小体弱多病，妈妈对于季节的转换、天气的变化非常敏感。只要天气稍转冷，妈妈就担心璇璇是否扛得住。妈妈每天都会根据第二天的天气预报精心准备衣服。有时天气突然发生变化，妈妈就担心璇璇今天穿的衣服会不会偏冷？也正是如此，妈妈经常麻烦老师，会给老师打电话或者是发短信，甚至跑到学校送衣服。可妈妈越是这样，璇璇的身体越是糟糕。璇璇对妈妈的那一套"多穿一点儿不会错"的说辞很反感，她明明没有感觉到冷，妈妈总不肯放过她。而璇璇也总会如妈妈担心的那样，时不时地感冒发烧，因为她自己感受温度的能力总被妈妈否认。

不可否认，案例中的璇璇妈妈有些过分了。孩子都有感知能力，对于冷暖都有自己的感觉，而璇璇妈妈却忽视了这一点，以自己的感受为基准调整孩子的穿衣搭配。这样做不仅会影响到孩子的健康，还会给孩子的生活和学习造成影响，因此这样的行为要不得。

除了你所期望的，你的语言对孩子的行为也有影响。有一个原则是：多说"是"，少说"不"。孩子的独立宣言是从说"不"开始的，当孩子长到一岁半到两岁的时候，这是个奇妙的字，成了他的脱口而出，哪怕是在想"是"的时候也说"不"了。你不要懊恼，说"是"，从你开始。

案例12：

茜茜已经两岁半了，妈妈把上小学二年级的姐姐接回家后，茜茜可开心了，她刚拿起姐姐的新书，妈妈就大声说："不能拿姐姐的书！"她默默离开，拿起了桌上的小蛋糕，正要往嘴里塞，妈妈夺下蛋糕，"不准吃，马上开饭了，跟你说多少遍了，吃饭前不准吃零食……"茜茜沮丧地离开，接着她想玩敲鼓的游戏，刚敲了两下，妈妈又过来了，生气地说："姐姐写作业的时候，不准敲！"茜茜嘟着嘴一声不吭。

短短的半个小时，妈妈一连说了好几个"不"。那该如何说"是"呢？其实当茜茜拿起姐姐的书的时候，可以说："是的，茜茜喜欢看书，这个书是姐姐的，我们来找找茜茜的书在哪里好吗？"拿蛋糕的时候说："是的，蛋糕很好吃，妈妈也喜欢，马上就到晚餐时间了，茜茜看一看，妈妈做了你喜欢吃的什么菜呢？"敲鼓的时候说："是的，你想敲敲小鼓，可姐姐在写作业，会打扰到她哦，玩点什么玩具不会影响到姐姐呢？"当妈妈用"是"来表达的时候，茜茜会感觉到妈妈的友好，这良好的感觉也会让茜茜有良好的行为表现。

而到了青少年时期，作为父母的你对孩子的期望又会产生怎样的影响呢？由于自我实现的预言发挥作用，你心中对青少年孩子的期待，往往会在敏感而又具有高觉察力的孩子心里萌生一股很强的力量。孩子的急速变化让你过度担心，越担心孩子会发生某些问题，结果问题就真的变成了现实。

案例13：

李涵是个非常独立的女孩，她刚进入高一，这是她第一次住校。刚住校一个星期，迎来了一波冷空气。家长群里就炸开了锅，由于学校秋季校服还没有发放，很多家长就发愁孩子冷了该如何是好？都张罗着给孩子买秋季校服。妈妈知道这样的冷空气会很快过去，不会造成大的影响，就像自己一样，也没有冷到非要穿外套。即使天气变凉，她也相信李涵总会有自己的办法。等到家长开放日那天，妈妈去看李涵，她问李涵："这两天天气凉，你是怎么度过的？"李涵告诉妈妈："其实还好呀，教室里不冷，寝室里也不冷。只是从寝室到教室的那一段距离稍微会有一点风，快走几步就可以了。学校的秋季校服还没有发放，老师会允许我们穿自己的外套的。即使没有外套，同学那里借一下也可以的，前两天我就是借同学的衣服穿了一下，我还把牛奶分给她喝当作感谢……"

过多关注孩子，孩子做起事情来就会束手束脚。对孩子过度担心，就是对孩子没信心，而无法从父母那里获得信任的孩子，就会少了解决问题的动力。因此，一定要相信，孩子遇到困难的时候办法总比问题多，他们可以自己解决，不要总是为孩子过度担心。

案例 14：

初三的小利要参加校篮球队的集训，妈妈担心打篮球会影响到学业，又没把自己的真实想法跟小利说。每次小利去集训，妈妈都会反复叮咛："加油，但是记得安排好自己的时间哦！""打完球早点回来哦！""比赛固然重要，可是你不要忘了自己的主要任务。"……妈妈的唠叨让他感觉到妈妈的不放心。他觉得妈妈无法相信他可以安排好自己的学习生活的，每次去打球就很懊恼，回来学习的时候又会想到打球时的各种遗憾。他就真的跟妈妈担心的一样，让自己的学习变得一团糟了。

如果你是青少年的父母，请你检视一下自己的期望是否合理？跟孩子的能力、兴趣和目标是不是相符合？过高的期望是不是连你自己都望而却步？是真正为孩子着想，还是要满足自己的欲望呢？

（二）"满分父母"的弊端

随着经济水平的提高，人们对孩子的养育越来越重视。年轻一代的父母大多是独生子女，当新生命降临时，全家人翘首期待。很多家庭是"4+2+1"的模式，就是四个老人加两个年轻人共同来抚育一个孩子。哪怕是如今二胎政策的实施，全家人还是过多以孩子为中心，做尽可能好的父母，对孩子的事过多地干涉，他们认为自己必须为孩子做每一件事。我们称这样的家长是"满分父母"。

"满分父母"会像管家一样照顾着孩子的饮食起居，可谓是事事操心。我们来看一下早上的场景，"今天天气冷，穿上厚外套。""早餐吃饱了没？""体育课上不要太剧烈运动。""课间记得喝水。""不要跟同学吵架。"好不容易等到孩子放学回家，"满分父母"还是不消停，"今天什么作业，让我看一下……""拼音测试你错哪里了？昨天在家里不是全对吗？""吃饭了，快去洗手。""时间到了，该上床睡觉了。"

"满分父母"全身心地关心爱护孩子，殊不知，当你这样做的时候，你就剥夺了孩子的自信和独立。在孩子的表现不尽如人意的时候，有很多父母会说这样一句话："孩子这样我真的没有办法，我反正已经尽力做好了我的事情了。"你认为要为孩子的每一件事情负责，孩子的行为是你作为父母能力的表现。你担负了孩子的责任，其实你并不尊重孩子，没有给他们从经验中学习的机会。你很担心孩子犯错或遭受挫折，过多的保护和怜悯阻止了孩子学习成长的机会，孩子过度依赖也让你感受到自己的重要性。

案例15：

丽娜是刚进入一年级的小学生。老师布置了"每日一诵"的作业，有时是故事，有时是儿歌，需要熟读后向家长背诵，并且要家长签名。丽娜似乎很不喜欢这样的背诵，在妈妈面前能勉强背出来。一个星期以后，老师反馈孩子们的背诵情况，给丽娜妈妈单独留言，希望家里能够督促丽娜背诵得更流利一些。丽娜妈妈接到老师的私信后可着急了，感觉比她自己背诵不过关还要紧张。她很自责，觉得是自己松懈了对丽娜的管理，才导致丽娜背诵不过关。她甚至下了决心，接下来的时间一定要狠狠地抓丽娜的背诵质量了。

追求完美的父母，对孩子的管教面面俱到，要求也更严格，他们会包办孩子的一切，孩子如有反抗，他们说得最多的一句话就是："我这么做都是为了你好。"但这样做只会将孩子压得喘不过气来。当孩子失败的时候，首要的感觉并不是失败的痛苦，而是深深的自责和愧疚，愧疚父母对自己的照顾和付出。我们确实需要让孩子明白感恩，但并不是让孩子心存愧疚，要给孩子多一点空间和时间，让孩子拥有健全的人格。

同时，"满分父母"还会剥夺孩子学习相互尊重的机会。父母过度控制、支配、保护孩子，不仅破坏了对孩子的尊重，也破坏了训练孩子尊重他人的能力。如何教导孩子学会尊重，你需要坚持但不是支配，这意味着坚持自己的权利，同时避免剥夺孩子的权利。

案例 16：

艾米的妈妈和朋友在客厅谈话，艾米拍打着篮球穿过来穿过去，妈妈走过去，拿起篮球，跟艾米说："对不起，艾米，客厅打篮球会打碎物品，而且干扰到我们交谈，你可以选择在不干扰我们的情况下玩其他游戏，或者到室外打篮球，你喜欢哪个？"

艾米的妈妈不仅维护了自己的权利，同时也尊重艾米，允许他选择可以接受的活动。

案例 17：

小诺经常丢三落四，去学校总忘带学习用品，与其给她送过去，不如跟她交流如何整理好自己的物品，或者让她体验到不带学习用品的不便之处。

与"满分父母"相比，负责任的你会更关心如何建立孩子的责任感和自信心，而不是维护自己的完美形象。你给孩子选择的机会，才能让他们体验到自己下决定后获得的结果。

案例 18：

小勇从奶奶家出来，就对妈妈抱怨："我可不喜欢奶奶了，她每次都很烦，喜欢拍着我的头，我最不喜欢她这个动作了。"

妈妈问小勇："奶奶为什么会拍着你的头？"

"因为奶奶说，我从不叫她。还不如隔壁家的天天叫得亲，她说我没礼貌。"

"哦，奶奶是很想跟你亲近，她想听到你亲切地称呼她，只是这种方式你不喜欢，对吗？"

"是的。"

"那你喜欢奶奶用怎样的方式呢？"

"我不知道！"

"奶奶想听到你很亲切地称呼她，你如果主动地先跟奶奶打招呼，不知会怎样？这一点妈妈要检讨，因为妈妈对奶奶称呼时也是不那么热情。"

小勇听到妈妈这么说，反而有点不好意思了。"没有啦。"

妈妈说："下次我们主动地亲切地叫奶奶，你说可以吗？"

"嗯，好的。"

你面对的问题，有些是家庭以外的社会引起的，还有一些是你的无心之过造成的。我们和孩子要在平等和相互尊重的基础之上建立良好的互动，要把注重平等的理念付诸行动，这需要勇气和智慧。

（三）如何做一个称职的父母

古话说"言传不如身教"，在思考你对孩子有怎样的期望时，你是否有一个通盘的计划，想要养育一个具有哪些特质的孩子，要和孩子建立怎样的关系。什么样的教养方式能够帮助你达到这样的目标呢？

你的言行是在帮助孩子树立积极的信念还是消极的信念呢？每个孩子都有建立积极信念的可能，父母可以帮助孩子培养建设性行为模式，以此来强化积极信念。孩子幼小的时候，常常不能理解他人的感受，他以自我为中心。你可以以身作则，教导他尊重他人的感觉，这样，在成长过程中他才能逐渐体会他人的想法和感觉，从而习得尊重他人的态度。比如，"打针很疼是不是？""肚子饿了，想要吃东西，等得很着急了吧！""你的小金鱼死了，你很难过，对吗？"你也可以通过表述自己的感觉来赢得孩子的尊重。"给你准备了点心，你却扔了一地，我感到很生气！""妈妈感冒了，你给我倒水照顾我，你的关心让我感觉到很幸福。""你对同伴丽丽说了那么过分的话，我为你的行为感到很遗憾。"诸如此类，在孩子体会到他的感觉被正面关怀之时，他的自觉和自尊就会被唤醒，他同时去学习尊重他人的感受，从而进入一种良性循环，正面的信念引发正面的行为，正面的行为又强化了正面的信念。你的正面期望与行为，在启发鼓励这个良性循环中起到了重要的作用。

案例 19：

安娜刚搬了新家，他们住在三楼，由于是新的小区，住户还没有完全入住，楼道打扫并不是每天进行的，有些家还在装修，楼梯的扶手看上去脏兮兮的。安娜习惯了之前住的小区整洁的环境，看到这样的环境，爬楼梯的时候会说："哎呀，这个扶手好脏啊，我都不敢碰了。"

妈妈从家里拿了一块半干的抹布，每次从家里出门的时候，会沿着楼梯的扶手一路擦过去，扶手越来越干净了。安娜跟妈妈一样，要了一块小抹布，她会顺着扶手的杆子一根一根地擦。有时候走一趟楼梯，就擦一根杆子。逐渐地，扶手变得越来越干净了，楼道也变得越来越整洁了。走在这样的楼道里，她们感到心情非常愉悦。

孩子的模仿能力都很强，看到父母做什么，他们就会跟着做什么。父母要利用好自己的榜样作用，给孩子最好的引导。

日常生活中潜移默化的互动，可以帮孩子建立起积极的信念，这是我们作为父母应该去做的。

让我们尽可能成为称职父母吧（表1-2）。

表1-2 称职父母

你的信念	你可能有的行为	孩子可能产生的结果
我相信孩子能自己做决定	允许选择 给予鼓励	觉得有自信，肯尝试 能贡献，愿意合作，能解决问题 有内涵，具有内在资源
我和别人是平等的，我的价值既不比别人多，也不比别人少	相信和尊重孩子 鼓励独立 给予选择机会和责任 期望孩子有贡献	发展自信和责任感 学习做决定，尊重自己和别人 相信平等权
我相信相互尊重	提倡平等权 鼓励相互尊重 避免让孩子觉得愧疚	尊重自己和别人 增进与他人之间的情感 信任别人
我是凡人，我有勇气承认自己是不完美的	订立符合现实的标准 专注于长处 鼓励 不去在意自己的形象 有耐心	专注于手边的工作，而不在意地位的提升 把错误看作是值得再尝试的挑战 有勇气尝试新的经验 对别人能容忍

续表

你的信念	你可能有的行为	孩子可能产生的结果
我相信所有的人都是重要的,包括自己	鼓励相互尊重和贡献 拒绝被践踏和利用 知道什么时候该说不	有良好的社会关系 尊重别人的权利 为人慷慨

三、父母的教养方式对孩子的影响

(一)独裁式教养方式

"没有规矩不成方圆",要给孩子从小立规矩,这是大多独裁式的父母信奉的准则。如果由你来决定哪些行为是可以接受的,哪些是不被允许的,同时用奖励或处罚的方式来养育孩子,以此来控制孩子的行为,那么事情的结果往往事与愿违。因为当孩子的好行为得到你的奖励时,他期待他的所有行为都能够得到奖励;反之,当孩子的行为受到惩罚时,他会因此陷入愤怒或恐惧的情绪中,并把这种情绪通过你不能接受的行为或发泄或试探,以此让你也感受到惩罚的滋味。每个人都需要自由才能成长与学习,孩子亦是如此,他们也需要机会自己做选择才能学会自我控制和负责,独裁专制式的方式让孩子既得不到自由也得不到选择的机会。

案例 20:

刚上一年级的小玥每天早上总急匆匆地到学校,妈妈为了不让小玥早上不那么赶,就规定必须在七点十五分前出门,如果做到妈妈就奖励小玥自由活动时间,做不到就剥夺小玥的游戏时间。小玥对妈妈的决定不能反抗，她只能努力按照妈妈的要求去做，但是对一个7岁的独立能力不那么强的孩子来说，坚持每天做到实在太难了。好不容易做到了一个星期，妈妈也履行了自己的诺言。可到了第二个星期，小玥紧绷的神经稍稍放松了一下，就没有达到妈妈的要求，妈妈好像抓住了她的把柄一般，严厉地贯彻了她的独裁策略。她认为第一个星期的试验说明小玥是有能力做到的，既然是可以做到的事情，就必须变成规则理应做到，第二个星期，小玥的松懈是对其制定的规则的挑战，必须再严厉些。

纵容式教养方式是独裁专制式的另一个极端，父母对孩子的行为毫不限制，他们给予孩子过度的自由，但没给予任何责任。然而社会生活有各种不同的限制，并期望每个人都为自己的行为负责，放纵的孩子将来难以在社会上立足。

案例21：
妈妈带七岁的丁玲去图书馆看画展。由于画展的布局比较特殊，为了画展的效果，其中有一面画展墙是架子搭起来的，并没有全封闭，上面挂满了各式各样的捕梦网。丁玲一下子就被吸引了，她还发现架子的空当正好可以容自己钻过去。丁玲很调皮地在空当里钻来钻去。妈妈在一旁看着丁玲顽皮地笑。工作人员出来制止，跟丁玲及妈妈说，小朋友不可以在这里钻来钻去，非常不安全。丁玲一脸茫然，妈妈还为孩子辩解："小孩子比较顽皮，再说有这么大的空当，小心一点就可以了，如果你们真的要防止小朋友穿梭，就应该把墙封起来。"妈妈带着丁玲气呼呼地离开了画展。

她认为小孩子调皮是正常的，等她长大了，自然会懂得道理。

妈妈的纵容会让孩子是非不分，不懂得该如何遵守公共场所的规则。但是为孩子建立规则感，也是未来孩子可以正常进入社会的钥匙。

（二）民主式教养方式

民主式教养方式是以平等及互相尊重为基础的。平等的意识强调父母及子女在人的价值与尊严上是平等的。虽然我们每个人在能力、责任和经验上有很大的不同，但就作为一个人而言，每个人都是平等无差别的。民主式的教养方式并不赋予幼年的孩子与成人或较大的孩子相等的权利，即并不表示孩子在每件事上都能插手做决定，但父母会适当地让孩子参与做决定的过程。民主的教养方式的主要目的是给予孩子机会，在有所限制中做自己的选择，从而培养他们负责任的态度。

从婴幼儿到入小学阶段，孩子需要知道规则和界限，即在不同的环境之下遵守不同的规则。比如图书馆需要保持安静、公园要爱护草坪、医院要排队、幼儿园要尊重老师等。幼小的孩子，你不能期望他们能自觉地遵守规则，他们需要成人协助他们设立界限，并且在他们破坏规则超越界限时追究违规的后果。

案例22：

乐乐随妈妈去单位的阅览室，虽然单位的阅览室并不大，中午也没有其他人。但是在去之前，妈妈反复告诉她，要想在阅览室待着就要非常安静，乐乐答应了。也许是由于好奇，一进入阅览室，乐乐就想要跟妈妈交流。妈妈用手势做了一个"嘘"的动作。乐乐就用很轻的声音跟妈妈说话，妈妈也用很轻的声音回应。逐渐地，乐乐习惯了这种轻声细语的交流方式，后来两个人甚至变成了用手势来表达。在阅览室的一个小时，乐乐都非常遵守阅览室的规则。等他们出了阅览室，乐乐舒了一口气，"哇，可把我憋坏了，里面让我好紧张呀。"妈妈跟乐乐说："在里面不能说话，要做到是非常不容易的，但是你做到了，下次还是可以继续去。"乐乐很开心。

有的家长可能会说，我很注重培养孩子的规矩意识，经常给他讲道理，孩子似乎懂了，可是执行时往往不尽如人意。家长不按规矩怕纵容了孩子，严格按规矩又会破坏亲子关系，陷入独裁专制的局面；真可谓是反复唠叨，软硬兼施，结局差强人意。其实在贯彻民主式教养方式的执行上，你要放低身段，把自己置于孩子同龄人的角色中，同时运用成人的智慧，跟孩子玩游戏，让孩子在游戏中学会遵守规则。从生命的初期开始，孩子就进入一个游戏的世界，游戏是你能跟孩子打成一片，融洽关系，帮助孩子成长的另一个重要领域。

案例 23：
两岁的叮当发现纸巾盒是一个神奇的魔盒，可以从里面不断地抽取纸巾，而它总是保持原来的样子。他盯着这个纸巾盒，抽了一张又一张。等到妈妈看到的时候，沙发上是满满的一堆纸巾。妈妈看着他好奇的样子，知道他只是对这个纸巾盒产生了兴趣，就像发现了一个好玩的游戏一样。

那一堆纸巾又该怎么办呢？妈妈就和叮当一起玩叠纸巾的游戏，妈妈叠一张，叮当也叠一张。慢慢地，把沙发上的所有纸巾都叠了起来，再把它们放回纸巾盒里。下一次叮当还是会一张一张地抽纸巾，然后叫来妈妈一起再一张一张地叠纸巾，把它放回去。对他来说，这是一个非常有趣的游戏，在这个游戏当中，他也学会了整理。

对于成人而言，游戏是工作之外的放松和消遣，对于孩子而言，游戏是他最开心最重要的全部。当你和孩子玩游戏时，通过共同的交流讨论来制定游戏的规则，这就是民主式教养的启蒙。在规则之下，引导孩子去感知体验周围的环境，让他自由地探索，确立自己所处的地位。孩子会在游戏中不断试探和练习生活中习得的技能，免不了犯规和犯错，而这正是孩子成长的好机会，他会在不断的试错中尝试学习新的技能，由此来遵守不同环境下的规范，提高适应现实的生活能力。

四、父母与青少年的新型关系

父母贯彻民主式教养，可以让孩子平稳地度过从幼儿期到学龄期，可是到了青少年阶段，状况就可能完全不同了，对你来说就是一个新的挑战。时代的急速变化影响着我们每一个人，挑战家庭传统、挑战价值观的人、事、物随处可见。青少年每天都在这些影响的冲击下发生着让父母猝不及防的变化，如果我们用过去的眼光来看待孩子，很容易产生失控的感觉。

案例 24：

15 岁的朱朱暑假里去了表姐家，表姐刚参加工作，她跟表姐可聊得来了。等她回家时，妈妈看到朱朱的指甲涂了黑色的指甲油。妈妈对这潮流前卫的装扮非常诧异，把指甲弄成黑色，在妈妈看来，是不良少年才会有的行为。然而，朱朱却告诉妈妈，"这并没有什么。我们同学早就涂了，我只是好奇想尝试一下。去上学的时候，我会把指甲洗掉，而且这也并不影响我的学习，所以你不用过多地担心。"

新时代的孩子，跟家长的很多认识都不同，很多在父母眼中是不当的行为，而对于他们来说是再正常不过的事情。这就对父母提出了更高的要求。父母要跟孩子做朋友，要尊重孩子，要正确认识他们的一言一行，决不能用老辈人的教育方式来跟孩子相处，否则只能将孩子越推越远。

（一）避免无效管教

1.放任

你是否认为青少年本就是叛逆难缠的，唯有忍耐才是办法。等熬过这段时间，等孩子长大离家后，他就能体会到你的处境，你们的关系也就会恢复正常。如果你任由孩子爬到你的头上，其实你是在放任，一般情况下，你不敢坚持自己认为对的立场，因为怕被子女反唇相讥。为了避免引起更大的冲突，你忍气吞声，既不表达意见，也不敢做什么严格的要求，可以这样说，你常对自己和青少年孩子之间的关系觉得无计可施。

案例25：

每个周末，李进会有两个小时的时间打游戏。可自从过了暑假，两个小时的游戏时间一到，李进根本就放不下手机。爸爸每次让李进停止打游戏，李进都会露出一脸愤怒的样子关掉手机。吃饭的时候，爸爸试图打开话题，李进不说一句话，家里的氛围很是尴尬。爸爸认为这就是青春期孩子叛逆的正常表现，与他们很难有共同语言，因而饭桌上对李进各种讨好。逐渐地，爸爸默许李进打游戏的时间延长了，从两个小时慢慢地延长到两个多小时，再到两个半小时。爸爸竟然对他没有一点办法。而在李进看来，爸爸是不敢拿他怎么样的，通常他把这种放任解释为懦弱。你既然自愿放弃权力，他当然就顺理成章地夺过来了。到头来，放任的管教法反而成了青少年叛逆的好借口。

青春期，我们要给孩子自由，让孩子自己决定或选择，但并不是做甩手掌柜，放任不管。孩子虽然已经长大，但他们的心智还不成熟，父母要做孩子的引导者，孩子做错了，就给他们指出来；孩子遇到问题，就跟他们一起想办法解决；孩子情绪不好，就鼓励他们及时宣泄……

2. 专制

跟放任一样无效的就是专制。专制是认为自己比孩子懂得更多，硬要把自己的意见想法强加在子女身上。

案例26：

诗雨已经高三了，可最近的学习却有些懈怠。她非常喜欢历史，以后也想报考历史系。但妈妈一直跟她说，一定得报考医学系。诗雨在学习的时候，一拿起课本，想到历史系和医学系的矛盾，她就没有办法静下心来好好学习了。虽然她从小听妈妈说长大以后要当医生，她也认为医生就是她人生的志向。但是进入高中后，在学习的过程中她发现自己对历史越来越感兴趣，她想等着妈妈改变主意。眼看着已经到了高三了，可妈妈还是坚持让她以后报医学专业，她就觉得学习索然无味了。她多想妈妈能够真正地理解她。但从小到大，她是妈妈的乖乖女，从来没有反抗过妈妈的决定。她感到无力也很无奈。

青少年需要根据自己的能力、兴趣和价值观来逐步确立自己的人生目标。而很多对父母言听计从的乖孩子，找不到自己的目标，于是把父母的要求和期望暂且当作自己的目标。然而，他们没有经过自己思考，缺乏主动追求和探索的能力，所做的一切都是为了满足父母的期望。

3. 溺爱

溺爱会造就不敬的孩子。溺爱孩子，你会经常替他们做他们自己会做的事，给青少年带来的是什么感觉？我处理不了自己的事，从而逐渐失去自信，认定自己不成熟不够好，永远都需要人家的关照和帮助。青少年如果习惯了接受你的服务，他也会期待别人对他特殊照顾。

案例27：

莹莹上初中了，她每天早上吃早饭都没有多大的胃口。妈妈总担心她吃不饱，建议她带牛奶到学校。

莹莹跟妈妈说:"我已经吃饱了,我不需要带牛奶。再说学校里面也不能带零食。"

妈妈出主意:"身体是最要紧的,如果学校里不能带,那我把牛奶放到老师的办公室里,下课的时候中途去喝一下。不会影响到班级规定的。"

莹莹感觉到特别难受,"同学当中没有一个人是这样子的。我真的不饿。你不要管了。"

妈妈说:"我是担心你的身体,你只吃这么一点,上课哪有精神,你如果不愿意跟老师说,我去跟老师说。"

莹莹觉得妈妈太烦了,"哪有你这样子的?老师是负责上课的,哪还会管我们这些事情?如果每个人都像你这样,那老师的办公室成什么了?同学们又会怎样看我呢?"

妈妈也很生气:"我不管同学们怎样看。我都是为了你好。"妈妈还在家长群里给老师留言,询问是否可以把牛奶放到老师办公室。

莹莹得知这件事情以后,觉得特别尴尬。

妈妈的溺爱产生的结果跟她期望的正好相反,不但得不到孩子的敬爱,得到的反而是不敬和轻蔑。

(二)有效管教的关键:平等和尊重

人与人的互动关系是建立在平等和相互尊重的基础之上的,亲子关系亦是如此。父母和孩子双方做人的尊严和价值都是平等的,任何一方既不优于也不劣于另一方。要把注重平等的理念付诸行动,需要勇气和智慧。

案例 28：

王源负责学校广播站的工作，升入初二以后，由于学业上任务加重，班主任建议应该以学业为重，而广播站的负责老师又希望她能够留任协助指导下一届的同学。王源回家后跟爸爸商量这个事情。爸爸跟她分析了留下来的利弊，但她最后决定还是要继续留在广播站工作。爸爸告诉她，尊重她的决定。

你与青少年必须互相信任和尊重，才能扫除彼此间的距离感。每个人首先都得尊重自己，必须对自己在家庭里的角色和地位有安全感，这种安全感不是一朝一夕得来的，自尊自重又有安全感的父母，才能和青少年建立健康有效的关系。你和孩子都不能勉强对方，做对方不愿意的事。

第二章 情绪管理与训练

人有七情六欲，喜怒哀乐是内省，嬉笑怒骂皆外显。情绪是生活的调色板，情绪管理是运用画笔掌控调色板，绘制呈现真实和谐的七彩颜色。倘若没有情绪，生活就像黑白片一样索然无趣，而情绪化，就像打翻了一盒装满颜料的调色盘，画面不仅是一片狼藉，而且有时会是无法收拾的糟糕的残局。情绪无好坏之分，孩子的情绪化就像挥舞着的彩笔，愤怒胡乱地涂鸦，常常让你头疼。面对闹情绪、发脾气的孩子，你是否常常懊恼地说："他简直快把我气疯了！""我实在忍无可忍了！"当你这样说的时候，你是否意识到你的情绪魔盒也已经被打翻了。

案例1：

"妈妈，我想吃冰激凌。"

"你这两天有点感冒，不能吃冰激凌。"

"感冒已经好啦。再说上次感冒为什么可以吃？"

"这次我说不能吃就是不能吃。"

"你真是不讲道理的妈妈，哼！"

丽莎说完就不理妈妈了，坐在车上还故意把纸巾撕碎，弄得车里乱糟糟的都是碎纸片。妈妈一看气坏了，顿时向孩子发飙了。

我们每个人都要为自己的情绪负责。每个人的行为都有动机，所有的行为都有目的。情绪也如此，是以我们的信念和目的为基础的。

孩子通常是情绪操控的"高手"，越早会利用情绪、越会利用情绪的孩子是敏锐且聪明的。比如他们会利用眼泪的力量，用哭泣争取以他们的方式行事。你回想一下，是否看到过这样的场景，有些孩子在面对他应付不来的事情的时候，或者想要逃避他不敢面对的场景，他常常是泪眼婆婆地看着你，低垂的眼睑，下弯的嘴角，屏住呼吸不敢喘息而又身体颤抖的样子，有时候甚至是失控地号啕大哭……这一切无声的语言好像在说："你看我多么可怜，我是需要被你保护的。"看到孩子如此，你是不是在他的眼泪面前毫无抵抗力，内心变得柔软下来，好吧，我得小心地呵护你。一场泪水的洗礼之后，父母往往就妥协了。

案例 2：

在妈妈的眼中，小杰是一个爱哭的小男孩。他在哥哥的故事书上画画，这已经不是第一次了，哥哥看到自己的书被画成这样，自然就生气地大声呵斥。小杰当场就哭了，他的哭声引来了妈妈，看到妈妈来了，小杰哭得更伤心了。哥哥气呼呼地说："小杰在我的故事书上又乱涂乱画了。"小杰泪眼婆婆地看着妈妈，好像在说："我知道错了，我不是故意的。"妈妈对哥哥说:"算了算了,不要再追究了。"

其实父母并没有意识到,这并不是孩子软弱,有一颗易碎的玻璃心,而是他们能利用情绪。在他的经验中,他表现出这一面的时候,他感受到他人会用不一样的方式对待他们,他们的敏感常常使周围人,尤其是同伴对他们的苛责会随之减轻。这样他们就有理由自怜,并且带着这种自怜,转而向父母求助,求得安慰。

敏感的孩子在受伤的同时获得了被特殊关注和照顾的双重好处:一是父母以及周围的成人会加倍呵护他们,甚至给予特殊的照顾;二是在成人的影响下,同伴们也会对其另眼相待,虽然方式可能并不如其所愿。但是,你的情绪魔盒有时候也会打翻,你也有自己的情绪需要舒缓。如果孩子一再使用情绪操纵的方式让你屈服,你在一次一次妥协之后,总有一次会对敏感型的孩子失去耐心。这时候孩子会让你付出代价,他们以自己受伤的情感表现让你觉得内疚。内疚之后,你又不得不重新折回弥补过失的道路上。

而这一切并非孩子理智所控制,而是情绪记忆的刻痕起了作用。如果你能清醒地认识这一切,他们便能走出情绪魔盒的恶性循环。孩子利用情绪操控你的时候,你可以合理地应对,谨慎地面对,这也是教给孩子学会情绪的自我管理,对自己情感负责的方式。

一、儿童情绪管理与训练

（一）了解儿童的情绪发展

你是否也遇到过这种情况，在面对孩子的情绪失控、大发脾气的时候，最棘手的问题是不知道她怎么了，有时候一直哭，一直闹，她却说不清楚怎么难受了，任凭你怎么劝说也不听。那么，你先回顾一下，你在情绪起伏的时候是如何克服的？你面对自己的坏情绪，是否也有说不清、道不明的时候？

案例3：

莉娜加完班，好不容易赶上地铁，地铁却非常拥挤，她站得摇摇晃晃，感觉非常累。出了地铁之后，她感觉到又冷又饿，回想这一天，早上由于没赶上班车，上班迟到了，也因此被客户投诉，老板当着办公室所有人的面批评了她，回家还要继续加班重新做报表……想到这一切，她感到特别伤心，觉得情绪很糟糕。她蹲在街角，打开手机，好想找一个人倾诉一下，但是翻遍通讯录，她都找不到谁可以诉说，竟然崩溃得哭了起来。

如果你能想象自己在处理情绪上所面临的难题，你就可以体会到，孩子试着在用有限的经验克服他们的情绪问题，这对孩子来说是面临着巨大的挑战的。处理孩子的情绪问题，对你来说也是一项挑战，你要试着去深切体会孩子的情绪，此刻他怎么了？感受到了什么？

儿童的生理发展随着年龄的增长是持续进步的。而儿童的情绪发展却是变幻莫测的，有前进也有后退。其成熟的程度有快有慢，不同的孩子或同一个孩子在不同的情境下都存在着差异。

案例4：

三岁的多多，刚吃过点心，手上拿着饼干，这时候邻居家的王奶奶来了，逗他说："多多，能不能给我吃一块饼干呀？"多多很开心地递上饼干。王奶奶夸多多真乖。第二天王奶奶又在这个时间段来串门，她还是想跟多多玩，可多多因为午觉没有睡好，整个人都迷迷糊糊的，感觉很烦躁。当王奶奶逗他玩的时候，他就开始哭闹，"我讨厌你，我讨厌王奶奶，呜……"奶奶觉得多多没礼貌，就不停地说不可以这样没礼貌，多多哭得更凶了。由此可以看出，儿童的情绪不稳定，是受各种因素的影响。

当孩子无法很好地表达情绪时，你可以尝试以下方法来帮助孩子。

帮孩子表达出他们的感觉——"你看上去比较沮丧，你是不是有点难过呀？"

能感知孩子的感觉，并能够代替他用语言表达出来——"你看到小狗会害怕，有时候我也会一样哦！"

要尊重孩子的独特个性——"你特别喜欢这种荡秋千摇晃的感觉，是吗？"

示范修补情绪裂痕——"对不起哦，刚刚妈妈的样子很凶，我不该这么生气，你能原谅我吗？"

与孩子玩亲子游戏，在游戏中帮助孩子宣泄情绪。

案例5：

萱萱换了一家幼儿园，总是闷闷不乐，尤其是到了睡午觉的时间，他有时候会躲在被窝里哭，每天早上都说不想上幼儿园。

家庭亲子游戏时间，爸爸妈妈拿出手指玩偶。

妈妈挑了一个小熊，萱萱挑了平时最喜欢的小猪，妈妈扮演小熊对小猪说："小猪睡午觉喽，你怎么不闭上眼睛呀？"萱萱说："小猪很伤心，它会想念以前的小朋友和老师。"

在跟萱萱的互动过程中，爸爸妈妈发现了萱萱的孤单、失落和伤心，然后他们通过角色扮演，表达对以前的小伙伴的想念。"小猪，你想以前的朋友和老师，他们也很想你的，你想对他们说什么？让他们知道你的想念？""我好想你们，小米，皮皮，我好想跟你们一起玩。"说着说着萱萱低下了头。

小熊问："他们也一样会想你的，你能告诉我，新幼儿园哪个小朋友跟小米很像？"顺着角色扮演，妈妈又跟萱萱模拟了如何跟新伙伴交往，在整个过程中不断帮助孩子表达她的感受，帮助孩子了解自己的情绪变化。

接着妈妈又帮助萱萱找到情绪处理的方法，原则是不伤害别人，也不伤害到自己。不伤害别人是教导萱萱不无故对人发脾气，不把气撒在老师和小朋友身上。不伤害自己就是把情绪说出来，不憋着，不让自己过度难受。再者，帮助孩子找到一种情感的寄托物，有时是平时在玩的玩偶，有时是衣物，还有时候可能是对孩子来说一些有特殊纪念意义的物品。

妈妈在和萱萱的互动中，她找到了跟小米、皮皮一起合作制作的剪贴画。妈妈把画挂在萱萱的小房间，她每天从幼儿园回来，都会把幼儿园发生的开心的事情告诉剪贴画，就像告诉好朋友一样。通过这样的方式，萱萱逐渐适应了新幼儿园的生活，也找到了新朋友。

由于换了新环境，萱萱一时无法适应，情绪低落，妈妈通过角色扮演的游戏，了解了萱萱的心理，引导她将不良情绪表达出来，确实很明智，值得我们学习。

（二）情绪与不良行为的关系

儿童需要了解自己的情绪，虽然很多时候他们不知如何克服情绪。但是他们天生却是利用情绪的高手。他们的很多行为是来寻求关注和争取权利的，父母要对此有警觉，并能以坚定及友善的态度设定界限。

案例6：

五岁的一帆在超市想买两辆玩具车，妈妈跟他说："你已经有很多辆玩具车了，家里都是玩具车。"一帆说："可是我就喜欢这个，它跟家里的都不一样！"妈妈继续跟他解释，一帆哭闹起来，赖着不走。爸爸在一旁看不下去了，埋怨妈妈就是太娇惯一帆，而且一帆这样哭闹引起了其他人的侧目。爸爸一气之下抱起他，什么也没买，一家人很沮丧地离开了超市。

从这件事情我们可以看到，当一帆用发脾气的方式来争取权利时，你若是为此而生气，你就已经被卷入了权利争夺的大战当中，而你的卷入就意味着你已经输了，你被孩子的情绪操控了。我们会在下面的章节中具体讲述孩子行为的目的。

（三）情绪与社会发展

1. 哭

哭是孩子用来沟通的第一个语言工具。婴儿用哭来表达他们的生理及情绪上的需求。饿了、尿了、累了、痛了、难受了，甚至是害怕了、伤心了、生气了……他们都会用哭来表示。两个月大的小西，每次在喝完奶之后，总是会哭个不停，除了妈妈，无论别人怎么安抚都不消停。妈妈缓缓地把他抱在怀里，轻轻地拍一下他的后背，慢慢地从上往下抚摸他的后背，他就能够很快地安静下来。这时候哭的语言表示：我想要妈妈抱抱，想要妈妈抚摸。

当孩子无法用语言表达他们的感觉时，总是用哭来表达。你面对哭泣的孩子，也经常会手足无措吧。如果给予安慰，如果他还是持续哭闹，显得非常伤心，这种感觉让你有时候甚至会内疚。也正是如此，儿童会用哭作为一种武器，来寻求关注或争取权利，父母可能会因儿童的哭泣而答应他不合理的要求，或者是让自己的情绪失控。

案例 7：

四岁的小晗，得到了一套新的芭比娃娃。吃饭的时间到了，她还要玩娃娃。妈妈告诉她要收起来了，她就开始哭了，一边哭一边说："不行，我不收嘛！我再玩一会儿，我再玩一会儿嘛。"妈妈看着她的哀求有一点自责，如果拿走她的玩具，她肯定会大哭，如果这时候妈妈允许她再玩儿，她肯定会停止哭泣。

小晗用这种方法非常有效地引起了妈妈的注意。但是妈妈的这种处理方式却不能够帮助她学习到如何来处理自己的感觉。在这种情境之下，妈妈如果能够明白孩子的感觉，并用语言表达出来："你现在是因为不能再跟芭比娃娃一起玩，而觉得非常生气，但现在已经是吃饭的时间了，我们必须收起来了。"这样就能帮助孩子认识自己的真实感受，进而学会控制自己的情绪。

2. 悲伤

当你看到一个低着头、撅着嘴巴一声不吭的孩子，你会怎样来描述他的情绪呢？你是不是会感觉到想要去特别地关注他，想要去帮助他，他到底怎么啦？是的，如果你用心感受一下，他很悲伤。悲伤，有时候也能被儿童用来寻求别人的注意，这是他求助的信号。当孩子表现出持续悲伤的时候，你要去观察悲伤背后发生了什么，是亲人的离去，还是物品的失去，或是失落和失望，倾听孩子，给他表达的机会，让其把感受表达出来，真心地对待。

案例8：

生活在南方的秀秀很少看到下雪。这一年冬天下了一场大雪，秀秀和爸爸一起堆了一个大雪人。但可能是因为受寒秀秀感冒了。过了几天，等秀秀感冒好了，她再去看院子的那个大雪人时雪人融化消失了。她追问雪人去哪儿了，爸爸告诉她雪人融化了，但她不明白融化是什么意思，只是觉得雪人离开她了，她很伤心。每次她看着院子里曾经堆雪人的那块空地，都会陷入深深的悲伤。

当孩子伤心难过的时候，父母不要急于劝慰，要先表现出理解，让孩子感受到父母会和他一起面对，体谅和接纳他的难过。

在平时的家庭教育中，要教孩子学会怎样面对压力和挫折，给孩子足够的安全感。家长要相信孩子可以自己处理好坏情绪，给他们一点独处的空间和时间，让孩子自己平复好心情。

3. 恐惧

"我害怕"是孩子逃避退缩的正当理由。当孩子感到害怕的时候，你要对孩子给予帮助，处理孩子的恐惧。

（1）从容面对恐惧。梦是一个特别神奇的东西，噩梦又像是魔咒让我们恐惧。儿童常常由于过度兴奋，或者是过度紧张，这样的情绪在白天还不能消耗完，晚上有时就会做噩梦，当孩子从噩梦中惊醒的时候，通常都是莫名的惊叫或是哭泣，你可不要慌了神，他只是需要你更多的关注和爱抚。如果孩子持续做噩梦，你可以跟他谈论他的梦，谈论可以让孩子了解并且看清楚恐惧的事物本身。

案例9：

花花这几天总是在半夜两三点就开始惊叫。口中喊着"好可怕，好可怕!"妈妈轻轻地抱着她,"别怕,有妈妈在!"等到白天的时候,妈妈问花花:"你做了什么梦让你害怕?妈妈有时候也会做噩梦。我们能不能把可怕的东西画出来呢?"花花画呀画,这个梦就像一块黑色的大石头。妈妈对花花说:"哦,原来这是你害怕的东西,我们来看一看,它方方的……我们来告诉这块大石头,我在白天看到了你,你不需要在晚上再来找我。"花花像玩游戏一样按着妈妈说的,并且把这张画撕掉,大石头变成了一个一个小碎片,花花开心地笑了,觉得不再那么可怕了。

事物本身并不可怕,可怕的是恐惧的感觉带来的那种感受。你自己是否也有这种时候:因为恐惧就停止了去了解它的全面信息?对孩子而言也是如此。对恐惧避而不谈,会让孩子对恐惧的事物增加迷惑,增添神秘感,觉得那一定是个可怕的东西,连爸爸妈妈都不敢说。放开心思跟孩子谈论恐惧,反而能消除孩子的恐惧。

(2)了解孩子恐惧的原因。儿童有时候会利用恐惧来寻求关注或争取权利,甚至是产生攻击性的行为。

案例10:

多多每次看到小狗的时候都会很害怕。逐渐地,他害怕听到小狗的叫声,看到小狗会绕道走。你可以告诉他:"你看到狗狗在叫有点害怕是吗?但它不会伤害到你哦,你看,他是用绳拴着的,不会跑出来。"你还可以给他读有关动物的书籍,带他去动物园了解更多的动物,教他与动物相处的方式。在生活当中增加多多与小狗相处的机会，从远远地看到慢慢地靠近，慢慢来，给他准备的时间，让他逐渐适应和小狗的接触。

案例 11：

西西跟爸爸妈妈分房睡已经半年了，但两周前西西感冒发烧，又回到了爸爸妈妈的房间。现在西西身体已经恢复了，但她不想回到自己的房间睡觉，于是西西大发脾气。妈妈："我知道你要一个人睡有些害怕，但是扔东西并不能解决问题。你能不能告诉我，当你扔东西的时候你在想什么呢？""我在想，我只有一个人，我很害怕，我想跟你们在一起。"妈妈告诉她："我们一直是在一起的，你看，我们的房间只隔了一道墙，你如果感到害怕，我们都可以把门打开，你也可以抱着你喜欢的小猪，让它来保护你。"

（3）坚持原则，并给予关注。当孩子感到恐惧的时候，他会提出很多不合理的要求，此时你若能坚持原则，给孩子建设性的建议，可以帮助孩子克服恐惧，并且从中得到成长，也能增加孩子的勇气。

如果你被孩子的恐惧操纵，并不能帮助他克服恐惧。看上去他暂时获得了一种安宁，家庭也呈现了和谐，但他却失去了建立勇气以及树立自己信心的机会。当孩子慢慢长大，他要适应不同的环境，与父母分离。而对孩子来说，分离会让其产生恐惧的情绪。

案例 12：

安安快两周岁了，父母把他送到了早教托管机构。每天早晨，妈妈起床去上班,虽然是蹑手蹑脚,想要悄悄地离开,但安安在妈妈起床的一刹那就警觉到了,然后开始哭泣,"妈妈不要走,妈妈不要上班,安安不要上早教班。"妈妈越是安慰安安,他就哭得越伤心。安安的哭闹让妈妈觉得很自责,犹豫着该不该送早教机构。

其实妈妈可以这样做。不要试图逃避,而是可以轻轻地抱着孩子跟他说:"安安,妈妈知道,妈妈要离开你,对你来说是一种可怕的感觉,你会在早教中心认识很多小朋友,跟他们一起玩,妈妈会去上班,你会想妈妈,妈妈也会想你。等到傍晚的时候,我们又可以见面了。"虽然安安可能对妈妈所说的话不能够全然地理解,但是他会从妈妈的拥抱和平和温情的语言中感到安全和妈妈的理解。

鼓励孩子说出内心即将面临分离的感受,减少他的不安,但表示你将依计划行事。

(4)帮助孩子恰当地表达情绪。回想一下,自己处理情绪的方法或许对孩子来说也是一种经验。运动、游戏、倾诉、合理地宣泄自己的情绪,把你的经验与孩子一起分享讨论,让孩子知道,情绪并不可怕,而且知道你是他永远的支持者。

4. 发脾气

生气发脾气,就像一颗定时炸弹。不仅会引爆父母的愤怒点,而且常常会让事态失去控制,造成两败俱伤。发脾气是孩子遇到挫折后的表现。你会看到当孩子做不好他极力想做好的一件事,当他对自己的表现不满意,他就会感觉到挫败,从而表现出恼羞成怒。当孩子愤怒的时候,你有没有努力想让暴风雨般的愤怒快点过去？你常用的方式是怎样的？很多人这时候会给孩子讲道理，试图让孩子控制他的怒气，告诉他应该用一种友好接纳的方式来对待自己和周围的人，结果他可能会变得更加暴躁。

对孩子来说，发脾气之后的形式通常是痛哭。这是他宣泄怒气的最好方式。看到孩子哭，我们都想及时喊停，希望他控制住不要再哭。其实，这个时候最好的方式就是让他痛痛快快地哭，等他哭够了，再深情地抱住他，并加以安慰，"我知道你很生气，这个挑战对你来说的确有点困难，但你要相信，只要你不放弃，以后肯定能够做到的。"

案例 13：

在妈妈看来，小浩的脾气很倔。我们来看看他们之间的日常互动。小浩在玩多米诺骨牌，眼看着快搭成一条长龙了，在放最后两块的时候，多米诺骨牌突然之间倒了。

小浩懊恼极了，他一下子胡乱地推开多米诺骨牌，嘴巴里喊着"真讨厌！"

妈妈在厨房远远地看到小浩推开了多米诺骨牌，就说："小浩，你不可以把玩具胡乱扔哦，找不到了，你以后就不能玩了。"小浩听完，反而把牌扔了一地，一边扔一边说："我就要把它扔掉，我以后再也不玩了。"

妈妈走过来，严肃地说："你怎么可以这样子？这是你的玩具，你是不是以后都不想玩了，你这样是不对的……"

小浩一声不吭，突然就大哭起来。妈妈看到小浩哭了，继续说："你看你每次都这样，你应该学会控制自己的情绪，明明是你自己把玩具扔掉了，你现在还要哭，我看你就是倔……"小浩没有因为妈妈的责骂而停止哭泣，这一哭就哭了一个多小时。他多想在他游戏失败的时候，妈妈能过来抱抱他。

发脾气也可能是孩子用来对付父母的武器。当孩子想用发脾气来要挟父母达到其要求时，你要学会分辨，要从这个战争当中脱离出来。这时候视而不见不失为一种可以尝试的方式。给孩子一定的时间和空间，等他发完脾气之后，你可以和他谈一谈刚才的感觉，然后再来讨论一下可行的办法。

案例14：

两岁的当当按约定看完《小猪佩奇》后，不愿关掉电视，妈妈让她关她就开始闹脾气。妈妈就跟小当当说："你可以选择自己关掉电视，或者是我来关掉电视。"二选一的方式，当当虽然很不情愿，但是即使嘟着嘴，她也会关掉电视。

孩子在疲劳、饥饿、睡眠不足、过度兴奋等状态下，情绪会变得暴躁，避免这些情境的发生，就会减少孩子发脾气的机会。如果无法避免，就允许孩子发泄一段时间。

二、青少年情绪管理与训练

案例 15：

初二的莉莉晚自习结束后回家，一上妈妈的车，莉莉就说："今天学校某同学真搞笑……"妈妈由于专注开车，需要注意周围的车辆，没有及时回应。

莉莉就说："我跟你说话都没有反应，真是太不尊重人了。"

"哦，很抱歉，我看前面是红灯，不能分神跟你讲话。"

"你每次都有理由，哼！"

莉莉扭过头一声不吭了。妈妈心想，这孩子碰到什么事情了，火气这么大，要不等她气消了再与她说吧。妈妈也就不吭声了。

"你看，我一说话你就不吭声，你都不愿跟我讲话。"莉莉又抱怨道。

这次妈妈没能冷静思考，反驳道："那我该说什么呢？"

"你就是不想搭理我，语气还这么差，每次都为自己辩解。"

母女俩陷入了僵持的沉默中。在妈妈看来，莉莉真任性，莫名其妙地发脾气，简直无理取闹。

如果你家也有青春期的孩子，你也会感受到这个年龄段的孩子在跟同学相处时，看上去挺融洽的，对待家人对待父母时却是非常苛刻，情绪来的时候如暴风骤雨般，就像我们看到的莉莉的冷漠任性。但是如果你知道莉莉这一天经历了什么，就会对她的行为有所理解。这一天她经历了三场考试，两次考试的成绩不尽如人意，还被老师请到办公室训话。懊恼的坏情绪积累了一天，自责、委屈、失落……而妈妈也很无辜，成了她情绪的宣泄桶。她因为自责无法跟妈妈交流她的成绩，就用蛮横无理的方式来对待。每个人都可以控制自己的情绪，你可以把自己带到一个愉快的情绪中，也可以让自己深陷一个糟糕的情绪中，如何教会青少年管理自己的情绪呢？

（一）青少年典型的情绪

1. 愤怒

人在生气的时候，智商会急剧下降，青少年的愤怒就像火山一样容易爆发。而当他愤怒的时候，你如果为他的愤怒而生气，跟他理论，就是在往火山上撞，因为他把所有的精力都用在了愤怒上，愤怒会让人丧失理智。这时冷静地退出不失为一个良策，就像面对一个烫手的山芋，需要时间冷却再来触碰。

2. 悲伤

少年不识愁滋味，为赋新词强说愁。进入青春期，情绪就像阳光背后的阴影，总要历经一段不可被描述的悲伤才能逐渐成长。愤怒向外，悲伤向内，悲伤就是被压抑控制的怒气。杜莱克斯说忧伤就像是静态的脾气，当你不被青少年的忧伤牵着鼻子走的时候，青少年的悲伤就会失去效果，他就知道这一招是不管用的。

表面上青少年衣食无忧，没有生活压力，实际上青少年很容易体验到深层的悲伤和绝望，例如：错过某事、搬家、失去朋友、宠物或所爱的人。

在这个阶段，孩子会发展出真正想象和担忧未来的能力，并对自己缺乏信心，虽然他们经常摆出一副无所谓的样子，实际上学业、社交、自我发展的压力,每一项都能让他们崩溃。对此,我们要尝试找出孩子对什么感到难过并提供支持。

3. 焦虑

焦虑的孩子,会降低自信心,认为自己对于任何事都没有把握,怀疑自己的实际能力,做事犹豫不决;总感觉危险逼近自己,整天焦虑不安,想要相对安全的环境。

对于周边事物过于敏感、害怕,随时准备逃离;对自身的身体变化高度关注,容易产生疑病观念。特别是在面临大型考试或做重要决策时总是贬低自己,没有自信,有种时刻准备逃避的感觉。要引导孩子正确认识自己,建立信心,塑造良好的心理素质,不要太过于追求完美。

案例16:

期末考试前一个月,米果跟随妈妈来到咨询室。她最近总感觉有不好的事情要发生,一进教室,米果就会感觉到胸口被压了一块石头一样堵得慌。越是这样,她就越紧张。有时候甚至会紧张到心跳加速,手心冒汗。看着米果紧皱的眉头,抿着嘴唇,语速加快的样子,我知道她很焦虑。其实像米果这样在重大考试之前陷入焦虑状态的孩子挺多的,担心未发生的事件,并把事情往坏处想。她对于学习的焦虑,除了压力之外,多半是缺乏自信,尤其是当她把关注点过度聚焦到学业上的时候,忽略了自信心不足,这会让她的焦虑蔓延得更快。家长要跟她多交流,多鼓励,比如她担心考试,可以让她回顾以往成功的做法,或者想起过去很有信心的时刻,甚至让她谈一谈假如真的发生了糟糕的情况,可能会面临怎样的后果以及怎样应对。

（二）信念与情绪对行为的影响

案例17：

"你哪里知道我的感受？我每次回家你都不理我，你的眼里只有你的工作。你很忙，你很了不起，你忙得连做饭的时间都没有。不要以为你教出多么厉害的学生，你就很牛！那是人家的孩子厉害，人家孩子的妈妈懂得怎么照顾孩子。我告诉你，你就是最失败的母亲……"

安妮歇斯底里地对着妈妈大吼。安妮的妈妈陷入深深的自责中：我是天下最失败的母亲，我太糟糕了。安妮的妈妈在自责之后难过生气，陷入沮丧。所有糟糕的情绪一并而来，她把安妮的抱怨全盘通吃，并且认为自己真的如此糟糕。然而即使再沮丧，对安妮来说也没有任何帮助。那么中间发生了什么呢？

想要了解并改变非理性的想法，不得不说情绪ABC理论。A是指发生的事件——安妮对妈妈发脾气，指责妈妈。B是对事件的看法——安妮妈妈认为自己真的非常糟糕。C是由于对事件的看法而产生的情绪结果——安妮妈妈的自责沮丧。如果安妮的妈妈能够从安妮的指责、抱怨、发脾气中领会到她真正传达的信息是"我被忽略了，我是需要关注的！"这样安妮妈妈就会从深深的自责中反省过来："女儿需要我陪她，而我因为工作忙不能两全，但我并不能因此就真的成为一无是处的失败妈妈，从现在开始，我可以选择陪伴孩子。"

在这个过程当中，头脑当中产生了许多消极的信念，如果你执念于自己的不合理信念看待事情,你会觉得一切都是灾难,不仅让自己受困于负面情绪中,而且也会影响亲子关系。如果你告诉自己,没有什么大不了,不如意事十有八九,总会有失望遗憾的时候,就会让自己的情绪好受一点。

对于绝对化的信念,你会苛责自己,我应该……我必须……我绝对……这些绝对化的字眼,像不可触犯的、不能逾越的界限,如果期待的结果没有发生,你便不能忍受。你需要先来评估你的期望是否合理,如果你不能接受事情的结果,这会让你和青少年的关系更僵化。

就事论事,事情有遗憾并不意味着完全的失败,你可以重新审视事件的发生,承认不完美的事件带来的失望和遗憾,当你愿意承认遗憾失望的时候,你心中的负面情绪就消除了一半,然后才会有更多的精力去关注事情的解决上。

(三)改变非理性行为的策略

为了避免无益的冲突,你可以尝试以下策略:

(1)面对现实,承认你糟糕的情绪。无论生气、发怒、懊恼,想想这些情绪对改善你和青少年的关系是有益还是有害?如果无益,你是否有决心去改变尝试。

(2)改变你说话的语气。坚定而温和的语气,让你的说话保持在稳定的状态,从而影响到你们彼此谈话的氛围,这会使谈话能够顺利进行下去。同时注意你的肢体语言,你的动作、表情、肢体变化,这比你的口头语言,更真切地透露着你内心真实的态度,这更决定着你们谈话的进程是否顺利?如果你把握不住你语言的态度,你需要多多练习。

（3）学会情绪调节。在自我的情绪调节上，你也要掌握一些方式方法，给自己独处的时间，放松心情。给自己积极的暗示和自我对话，慢慢来，事情总会有解决的时候。

（4）暂停。如果事情一时真的没有办法可以得到解决，那么按下暂停键也是不失为一种好的方法，着急地去解决问题，不如离开。做你可以做的事情，做一件有计划但还未实施的事情。总之不要把自己困在问题当中。

（5）做点跟以往不一样的。如果不可避免的，你们双方陷入了冲突激烈的时候，你不要被他牵着鼻子走，跟以往沟通一样，还会得到同样的结果，打破以往的模式，做点不一样的，冲突的时候双方都会生气，青少年的言行更具有攻击挑战性，目的就是想让你生气，从而避开了要解决的问题本身，被情绪带入了新的冲突和争执，这正是他想要的。

第三章　了解孩子的行为

一、生活形态的养成

从生命的最初开始，我们每个人就发展出了对自我、对他人以及生命中最重要的是什么的信念。阿德勒说："一个人发展出来的信念，以及由此信念产生的生活方式，形成了生活形态的基础，生活形态是信念的表征，信念影响着你的行为表现。"

由于每个人的基本信念形成于早年，而幼小时的经验解释有失偏颇，从而得出了错误的结论。

案例 1：

八岁的李佳和小敏在同一个班级，老师示范教学黏土课，想要邀请一位同学上台配合演示，老师的话音还没落，李佳就高举着小手。在演示的过程中，李佳把注意力关注到黏土上，并没有去听老师的演示教学，而小敏却安静地坐在座位上,小手随着老师的教学搓揉、压实,认真地跟着老师的示范动作学习。李佳活泼、开朗、外向,喜欢积极参与,而小敏显得内向胆小,更习惯通过观察来学习。

同一个情境,不同的人有不同的行为来表现出他们对环境及自身在环境中所持的态度或信念。信念会让你对自己的行为结果产生期望,而当你得到期望印证时,你更加坚定了你的信念。

案例2:

10岁的小杰,由于父母工作忙,把他送到了寄宿学校,平时陪伴他的时间并不多。在大家眼中,他是一个特别乖巧的男孩。小杰非常黏妈妈,对妈妈的要求言听计从,每次妈妈吩咐的事情,他会尽心去做,自己有什么问题都要来征求妈妈的意见。但是,离开了妈妈,小杰就像变了一个人。爷爷反映说,他们和小杰一起吃饭,妈妈在场的时候,他吃完饭会对爷爷奶奶毕恭毕敬地说:"我吃好了,爷爷奶奶慢慢吃。"而妈妈不在的时候,小杰对爷爷奶奶就不那么尊重了,有时甚至无视长辈。他做的所有的好的行为,似乎都是给妈妈看的。小杰的信念是在妈妈面前一定要做个好孩子,要让妈妈满意,至于其他人,就不必这样做了。

我们来看看信念是如何影响孩子的?如果小孩总是被教导"你要当心,不要被别人骗",他就会对这个世界产生不信任。他对待别人的态度,应对处理事情也是不信任的。导致的结果就会跟他想的一样。所以说,你的信念影响到你与他人交往的态度,他人对你的反应又会反过来强化你的信念。

如果你了解孩子的生活形态是由哪些因素造成的,可以让你更深入地了解孩子的行为,进而得知造成这种行为的根源在哪里,对孩子的不良行为进行早干预。

二、生活形态的影响因素

(一)家庭氛围

每个小孩不仅在外貌、形体、身材等外形上继承了父母的基因,同时也继承了生活形态。你是否发现,或者常常说,你的小孩在某些方面像极了你。虽然你们并没有在这一方面多加教导,或是努力避免有害的一些效仿,但孩子却像是与生俱来的,成了你们的复制版。是的,每个小孩都继承了父母的某些潜能,而孩子本身的信心决定着他会在何时、何种情境下、怎样应用这些潜能。

案例3:

天天是个让人捉摸不透的孩子,时而疯狂时而安静。外人都说天天像妈妈一样善谈,妈妈却不这么认为。我们先来看看天天的父母吧。天天妈妈性格靠开朗,很乐于与人交谈,而他的爸爸就显得比较沉闷。妈妈对天天的评价是,跟爸爸一样沉闷无趣,常常是妈妈问一句答一句,有时甚至不怎么爱搭理妈妈。这种感觉就像天天妈妈在跟天天爸爸交流的时候一样。所以妈妈认为天天太像他爸爸了。其实妈妈只看到了天天和他爸爸的其中一面。他们只是在跟天天妈妈交流的时候显得特别沉闷，用他们的话说，妈妈实在太会说了，在妈妈面前自己都不知道该说什么。而天天在妈妈不在的环境里，可以很自如、很健谈。

你看，天天在不同场合表现出不同的一面，有时像爸爸，有时又像妈妈。

家庭对孩子的影响是巨大的，比如父母平时都喜欢读书，家里到处都能看到书，孩子就容易养成良好的读书习惯；反之，父母喜欢玩抖音，吃完饭就直接躺在沙发上或床上玩手机，孩子多半也不会喜欢读书。因此，为了让孩子养成良好的生活习惯或品德个性，父母首先就要做到，让孩子沉浸在相关的氛围下。

案例4：

小路是一个阳光、积极自信、勇于挑战、关心家人的青春期男生。他的妈妈从事教育一线工作，在近20年的班主任的工作经验中，她深切地感受到良好规律的体育运动对孩子的自信心、毅力、抗挫力和情绪等各方面都有好的影响。所以在小路的成长道路上，妈妈始终把体育锻炼放在首位，并且开启了全家总动员的模式。每天傍晚，爸爸会陪着小路进行两个小时的锻炼，跑步、游泳、踢足球、打乒乓球……每个周末，小路全家必定有半天安排家庭运动日的体育锻炼活动。十多年来，小路家形成了积极、阳光、合作、温馨和相互鼓励的家庭氛围，让人羡慕不已。

案例 5：

小英的妈妈是一家公益组织的负责人。十多年来，小英一家都很赞成和支持妈妈的公益爱心事业。也正是如此，小英的业余时间也总是与公益并行。从小小志愿者到志愿者小组组长，小学毕业时，小英已经是公益达人。她积极参与实践，在志愿者活动中得到了很多的乐趣，她也非常喜欢跟小伙伴们一起付出与分享。

小英的妈妈是一个有爱心、乐于助人的人，在日常生活中，她的一言一行都会对小英造成影响，比如告诉她要有爱心、支持她做公益事业、做个志愿者等。这也体现了父母对孩子的影响力。

（二）儿童期的教养

生活形态的养成，受到儿童期教养的影响。而身为父母的你，大多沿袭了你自身成长的经验。如果你的父母从小对你严厉苛责，你对孩子也多是高要求的；如果你的父母是温和包容的，想必你对孩子也会宽容支持。家庭中对儿童的教养，综合于你跟配偶的人生经验，专制、纵容还是民主？在你们的教养互动中，孩子建立了自己的信念和目标，目标的达成或失败会让他们成为合作或受挫的孩子。

案例 6：

进入初二的小宇，成绩急剧下滑，从班级前 5 名掉到了班级的 30 多名。小宇对自己的表现很懊恼，但对父母却时常耍小性子。看起来是小宇在学业上受挫了。小宇的父母都是学霸，从小对小宇灌输的教育就是让他好好读书，一定要考上某名牌大学。小宇对自己也是如此高要求的。然而，如今当他在学业上受挫，没能达到全家人的期待时，他就转而用发脾气、自怨自艾的方式引起父母的注意。

小宇很想做到最好，但能力达不到，只能陷入懊恼中，事实上这是对他自身最大的伤害。因此，父母不仅要鼓励孩子积极进取或向着目标前进，更要引导孩子正确应对问题、困难或挫折，如果缺少了这方面的培养，孩子多半都会赢得起而输不起，只要稍遇挫折，就会自暴自弃、自怨自艾，甚至迁怒于他人。

案例 7：

小新是一个特别关心他人、非常照顾他人的暖男。这一切得益于他的妈妈对他的言传身教。在他小时候，家里每次买了好吃的，妈妈总是会先挑出最好的一份，让小新给爷爷奶奶送过去。小新四五岁的时候，有一次，杨梅刚刚上市，妈妈买了一些，洗干净后盛了一碗，让小新给奶奶端过去。小新不小心摔了一跤，杨梅撒了一地，都破了脏了，但他宁可自己不吃，又赶紧把好的杨梅再分装一碗给奶奶送过去。奶奶总会说，小新对我们可好了。现在小新已经是青春期的孩子，他做事情总会考虑到别人的感受，会去照顾别人，这一切跟他妈妈对他的教育是分不开的。

小新之所以懂得顾虑他人，主要就在于妈妈对他的引导。妈妈对老人的孝顺，小新看在眼里，内心自然就会知道：要爱护家人，要尊敬长辈，要孝顺老人……反之，如果不进行这样的教育和引导，或者总是在背后贬低老人、斥责老人，孩子就无法生出对老人的尊重与孝顺之心。

（三）家中排行

孩子在家中的心理地位，不仅跟出生顺序的实际排行有关，而且跟家庭中孩子感知到的心理排行相关。同胞手足在成长过程中充满着合作与竞争，而竞争对人格发展、生活形态有着重要影响。成功或是失败，喜悦或者是沮丧，都会带给孩子强烈的心理体验。

（1）老大。老大是家里排行最大的孩子，往往被父母寄予重望，父母会把自己对于优秀孩子的所有想法都放在老大身上，同时让老大变成家中的榜样。老大觉得自己的责任重大，很容易变成完美主义者，凡事都想尽善尽美。有些孩子能够坚持努力，有些孩子则会感到压力过大，一旦觉得自己不能把事情做完美，就会放弃努力，变得自暴自弃。老二老三出生后，老大会逐渐变成父母的帮手，父母甚至还会将他们当作成年人去要求。老大在家要帮父母料理事务，照顾弟妹；在外还要充当父母的角色，保护弟妹。老大会为家庭付出更多，甚至会有怨言。老大承担了家中的很多角色，显得比同龄孩子的心智更为成熟，更加独立，更有责任心，但是在和同龄人相处时，显得有些孤独。

（2）老二。老二出生时，家中已经有了成熟的哥哥姐姐，面对问题时会不自觉地向老大看齐。随着不断成长，他们开始思考自己是谁？自己是不是老大的复制品？在做选择的过程中，他们往往不喜欢做老大的复制品，而是让自己培养出更独特的兴趣或职业。比如，老大喜欢画画等静态活动，老二就更愿意标新立异，选择踢球、跳舞等动态活动。老三出生后，老二作为小宝宝的好处就消失了。排行在中间让他觉得不舒服，既没有老大的特权，也没有老幺受到优待的年龄优势，他们在家庭中找不到存在感，甚至感到十分失落，为了引起父母的注意，他们会努力培养出一些优良的特质。

（3）小宝。小宝是家中最小的一个成员，家中所有人都比他年龄大、能力强，他的需求往往更能得到全家的关注。父母认为他是自己最年幼的孩子，弱小可爱，更能激发怜悯之心。小宝从心理上会把自己当作婴儿看待，对自己的期望变少，期望得到别人的照顾。小宝精力旺盛，容易得到家庭成员的关注，更有信心。小宝能得到很多好处，是家中的撒娇能手，具有很好的交际能力，反应快，擅长语言表达。但父母对小宝的教育较为宽松，容易让他形成骄纵的性格。

案例8：

若若四岁的时候，妹妹出生了，若若就被分到独立的小房间，虽然自己的小房间很漂亮，但若若还是会非常想念跟妈妈一起睡的大房间。若若总跟妈妈说，看到妹妹躺在妈妈的身边时，她就很难受。表现出来的是，她比以往更黏妈妈了。现在若若已经11岁了，还是经常上演和妹妹抢妈妈的戏码。其实像若若这样的情形会发生在很多老大身上，在妹妹没有出生前，她是家中唯一的孩子。妹妹来了，她再也不是唯一。

如果把老大的心理防线比作一座城堡，老大在做的就是如何守卫他的城堡并永远保持第一的位置？老二就像是那个攻城的侵略者。老大为了永远保持他第一的位置，他就要始终保持一种戒备的状态，而他不能够占据优势的时候，他就会试图用其他的方式获得。老大的生活形态会更主动一些。老二从小被教导要服从哥哥姐姐的教导，他的攻击不像老大来得明目张胆。但他会善于观察，有时甚至会偷偷摸摸，在背地里告状使坏。这也让老二的生活形态形成了一种进取，或者是被动、依赖，更懂得察言观色和人际交往。

案例9：

童童有一个比他大两岁的哥哥。平时，哥哥总是一副"倚老卖老"的样子，喜欢对童童指手画脚。妈妈让哥哥去拿一下扫把，哥哥就对童童说："赶紧把扫把拿过来。"童童心里挺不情愿的，但又不能反抗哥哥，只能乖乖去拿。吃饭的时候，童童把饭粒洒到了桌上，哥哥就对他说："赶紧把饭粒捡起来，这么大了吃饭还是这样。"不过童童有时候也会盯着哥哥犯小错误，就像上一次，哥哥从洗手间出来又没有关灯。童童关好灯，赶紧跑到妈妈身旁，悄悄地告诉妈妈："妈妈，哥哥没有关洗手间的灯，我已经关好了，我是不是做得很好。"妈妈觉得童童非常懂事，会对哥哥说："你看小弟都帮你关灯了，你应该向小弟学习。"这时童童会觉得特别开心。

老大与老二之间的竞争，若是介入老三，就会打破这种拉锯战的方式，重新建立一种平衡。老二身处于老大与老三之间，丧失了侵略的特权。老三就想要争取公平。如果你有四个孩子，老幺会是家庭中最古灵精怪、让人琢磨不透的。或可爱或可怜，或灵活或笨拙，不乖巧也不叛逆，这一切都是在向外界发出信号，我拥有的最少，我需要大家的关注和帮助。

那如果是独生子女呢？独生子女在儿童期处于诸多成人之间。他享受着独享的特权，他会倾向于更注重自我感受。要有话语权，聪明且能言善辩，而且富有创造力。而当其受挫的时候，就会利用内心的特权感争取更多的权利。

案例10：

十岁的小虎就读于一所国际学校，他的个人活动能力很强，妈妈根据他的请求要为他办个生日宴会。小虎希望自己能够参与策划，他提出了很多创造性的建议得到了妈妈的赏识。但是商量到礼物的时候，他想要的礼物大大超出了妈妈给的预算，妈妈明确告诉他，这个要求不能满足。他要求妈妈必须要满足他，要不然就放弃举办生日会。妈妈说，你可以自己选择。这让小虎很意外，因为按照以往的经验，只要他软硬兼施，妈妈总会同意的。

撒泼打滚，软硬兼施，是很多孩子为了让父母满足自己需求而采取的重要手段。但我们却不能无限制地满足孩子。如果孩子的要求过高或者超过了家庭能承受的，就要立刻拒绝，不要让他觉得：无论我提出任何要求，我爸妈都会满足。

（四）重要他人

重要他人是一个心理学和社会学都关注的概念，指的是在个体社会化以及心理人格形成的过程中，可以对他产生重要影响的人物。

于孩子而言，你所扮演的性别角色是他的角色典范，他从你和配偶的身上看到了男性和女性的角色定位。在你们的教养中，他都会潜移默化地加以模仿，无论是口头语言，还是行为处事方式，以及你们彼此交往的方式、待人接物等，都会被他纳入自己的信念当中，从而形成生活形态。从你们的身上，他对自己的性别以及异性性别的态度奠下基础，学到男人与女人的意义，以及男女之间的关系。

案例11：

王洋已经九岁了，可他的作业一点也没让妈妈省心。每次爸爸下班回家，总能看到王洋和妈妈之间为作业不断的争执，这次吵得更凶了。

王洋说："你就是坏妈妈，爸爸也是这么说你的。"王洋的爸爸和妈妈觉得很诧异。回想起来，爸爸曾经很多次都会当着孩子的面说妈妈的不是。而妈妈面对爸爸的指责时，大多是沉默的，或者是赶紧离开。

妈妈觉得自己很挫败，面对爸爸的指责，她已经很委屈了，现在孩子跟爸爸一样说自己，妈妈更寒心了。

其实，王洋是从爸爸的身上看到了爸爸对待妈妈的方式。所以他是用和爸爸一样的方式来指责批评妈妈，或许也只是想让妈妈闭嘴吧。

孩子长时间和父母生活在一起，父母的一言一行都会对孩子造成影响。父母之间的相处模式同样也会让孩子习得，继而用同样的方式来与他人相处。

因为条件有限，有一部分孩子的童年期是在隔代教育的环境下养育的，孩子会观察学习所认可的某个人或者几个人，集多人的信念于一身，你会看到孩子在面对不同人的时候，他的应对方式也在发生着变化，但总有他最看重的人，这就是他的重要他人。

案例12：

晶晶在入小学之前跟爷爷奶奶生活在一起，要上小学了，爸妈把她接回自己家，才发现在她身上有太多老人的影子。

每天早上一大早，晶晶就吵着起床，让爸爸带着她去户外走一圈，爸爸虽然还有些犯困，也会立刻起来，带她去小区公园散步。

吃完午饭后，晶晶会拉着妈妈睡午觉。妈妈却没有午睡的习惯，于是只能躺着看手机。晶晶看到了，就会将手机抢过来，放在一边，搂着妈妈睡。

晶晶告诉他们，爷爷每天早上都要出门锻炼，总会带着她；奶奶午睡时，她就躺在旁边，看着奶奶睡着了，她自然也就有了睡意。

案例中，爷爷奶奶对晶晶的影响是很大的。无论是晨练，还是午睡，晶晶都从他们身上得到了沿袭。这也是重要他人对孩子影响的重要体现。

三、辨识不良行为

儿童在发展生活形态的信念时，也发展出其行为模式，每个人通过行为表现为寻求归属感，童年早期就是寻求如何归属的时期，儿童以正面行为寻求归属感，但如果孩子感到失望，并认为他无法以合作的方式得到归属时，只会以不良行为寻求归属。

案例13：

自暑假以来，三岁半的小帅总喜欢帮家人干家务活。当他拿着扫把帮妈妈扫地的时候，奶奶怕他磕着碰着，总会说："小帅，你还太小，不用干这些，你还是玩玩具吧。"

小帅还是不肯撒手，在争夺之间碰到了小凳子。奶奶又趁机说："小帅，我就说你太小了吧，你看看，现在碰到了吧，疼不疼，让奶奶看看。"

小帅可生气了，"别来，我要扫地……"他通过大声嚷嚷表示对奶奶的抗争。小帅的妈妈看到祖孙俩的争执，知道小帅是在寻求归属感。所以等下一次，当小帅想要帮忙扫地的时候，妈妈会引导他去做，并告诉他"谢谢小帅的帮助，妈妈好开心"。

在奶奶与妈妈的不同做法中，小帅获得了不同的感受和经验，"我没用，我不行。""我是有价值的人，我可以帮助家人，我是有用的人。"

（一）不良行为的目标

1. 引起注意

每个孩子都需要得到关注，并会以积极合作的方式获得注意。但若是这种方式无效，他就会用破坏的方式获得注意。这会让孩子认为，只有自己受到注意，才会有归属感。引发注意，就成了不良行为的目标。

案例 14：

五岁的航航接触了水粉画，他从水粉的挤压、调色到绘画，都玩得很开心。他认为这是自己学会的新技能，并且，他很想让妈妈过来看他新作的画。

妈妈正在厨房做午饭，但还是过来看航航，并且告诉航航："哇，你自己可以挤颜料调色，画得这么好，看来你也玩得很开心，真不错哦！你是否可以继续创作你的画，那样你会体验到更多的乐趣。"航航比刚才玩得更开心、更认真了。妈妈继续去做午饭。

如果妈妈不了解航航是想要获得注意，而是给予冷漠的回应，或是理性地告诉航航自己忙着做午饭，没有时间看他的画作，那么，航航会认为，只有得到妈妈的注意时，他才显得有价值。或许航航会花样百出，以引起妈妈的注意。胡乱涂水粉，甚至打翻调色盘，这样必定能赢得妈妈的关注，航航也更相信，只有在得到妈妈注意的时候，才会有归属感。

案例 15：

佩佩的妈妈工作挺忙的，但是对佩佩的照顾是无微不至的。在大家眼中，佩佩特别乖巧。而在妈妈看来，她跟佩佩在一起是非常累的。她没有自己的主见，缺乏独立性，什么事情都离不开妈妈。她几乎做每一件事情都要向妈妈请示汇报。

"妈妈，我可不可以写作业？"

"妈妈我作业完成了，能不能玩一会？"

"妈妈我想喝水。"

"妈妈，我想上洗手间。"

"妈妈，我该穿哪件衣服？"……

而每一次妈妈的回答都是："嗯。""好的，你去吧。""可以的。"其实这一切都是佩佩想要引起妈妈的注意。

面对孩子引起注意的行为，要以不是孩子期望的方式来回应。改变你的反应，对于合作的建设性的行为，遵守原则予以重视，对于破坏性的不良行为，如果能在孩子没有期望注意时给予注意，孩子能感受到真正的给予而非获得。

几乎所有的孩子都要引起他人的注意，可是到了青少年阶段，这个目标表现出来各种不同的层次。如果他用正当的方法得不到别人的注意，就可能用令人烦躁或者厌恶的方法，让你不得不注意他。

案例16：

小舟的妈妈晚饭后打开电脑工作，她需要完成一份紧急的财务报表。而小舟感觉很无聊，在妈妈工作的时间，他总是打断妈妈："妈，我的背包放哪儿了？""明天想跟同学去公园可以吗？"小舟妈妈早就不耐烦了，但还是一次一次地回答他。但是她不耐烦的语气其实在表达："你不要再打扰我了，烦死了！"

大一些的孩子更需要的是自主安排自己生活的能力，你应该把焦点转移到如何帮助他学着自己做选择或决定，而不是敷衍和烦躁。他自立的时候，你就知道该如何回应了。

2. 追求权力

追求权力的孩子意味着：我要说了算，我要掌控一切。正当的权力感，会让孩子感到对环境有主宰的能力。这是培养孩子独立性的重要步骤。但若是让他认为只有当老大才有权力，有归属感的时候，只想为所欲为，即使你能把他制服，对你而言有短暂的胜利，但久而久之必定会让你们的关系处于紧张状态，甚至破坏。

案例17：

小航是一个寄宿学校五年级的学生，只有周末的时候才回家，但是周末时间，妈妈给他安排了奥数、写作和羽毛球三个培训班，晚上还有一个线上的英语口语训练。

对小航来说，休息的日子比学校还要紧张，他宁可没有假期。每次周日下午三点过后的空余时间,他会跟妈妈说:"我想玩一会儿,我想骑自行车。"但每次妈妈去叫他回家的时候,他总不肯罢休,还想继续玩。母子俩每次都闹得不欢而散。其实对于小航来说,只是想有自主安排的时间。

随着孩子的渐渐长大,他们的自我意识逐渐觉醒,希望为自己做决定,不愿意被父母所控制,这也是孩子心智成熟的具体表现。在日常生活中,父母要赋予孩子自主的权利,比如:让孩子自己的事情自己做、自己的决定自己做、问题自己解决等。

案例 18:

刚满 16 岁的朵儿,暑期生日过后,拥有了自己的第一台手机。但是很快,父女俩就因为手机使用的问题发生了争执。

晚饭后,爸爸来到朵儿的房间:"朵儿,你现在有了自己的手机,但我发现你的手机使用时间太久了,就这个问题,我想跟你谈谈。"

"你说吧。"朵儿无精打采地回答,听上去不太愿意讨论这个问题。

爸爸严肃地说:"我认为每天使用手机时间不能超过两个小时,而且临睡前必须上交手机……"

爸爸话还没说完,朵儿就抓狂了,"凭什么?我每天学习已经很枯燥了,手机我只是中饭后、晚饭后休息时看看新闻和微博,我又不打游戏。而且你说晚上睡觉要交手机,这更离谱,我的 MP3 坏了,我晚上用手机来听歌入睡而已。我觉得你根本就不相信我……"

朵儿一下子说了一大堆话，让爸爸愣住了。父女俩的谈话僵持在那儿，气氛非常紧张，爸爸感觉到自己的怒火要上来了，朵儿也是一副丝毫不让步的架势。

"不能让步！"爸爸对自己说，"如果让步就意味着我输了，她不尊重我的意见，她以后会有更多的事情想要自己做主。"

如果爸爸能理性地来看，这正是一次跟青少年谈话的好时机，进行关于自我控制和自我管理的讨论。当青少年要自己做主安排时间的时候，把你担心的观点陈述出来，大家一起讨论。爸爸并不想跟朵儿争吵，让双方不愉快，也不想争谁对谁错，让双方尴尬。

青少年如果有想掌控权力的迹象，最佳的方式是不要跟他们斗，不要被卷入战争，因为没有对手就争不下去了。所以你如果认出他的目标是想追求权力，你就要积极寻找应对策略，以免达到他的错误目的。

3. 报复

当孩子跟你的权力之争不断发生，而他又屡次遭遇失败的时候，他也许就会用报复的方式来改变对权威的渴望。报复的手段，具有复杂性和情绪性，以报复为目的的孩子，相信自己是不可爱的。受害者的心态会让他借此去伤害别人，用被别人讨厌的残忍的方式去寻找自己的归属感。你若是被孩子伤害，必定要反击，孩子对反击的反应往往是寻求进一步报复，或是变本加厉强化不良行为，或是选择另一种方式攻击。你所要认清的是，孩子这么做是源于他的沮丧和挫败感，并非因为你做了什么。

案例 19：

暑假里，嘟嘟要去日托兴趣班，每天早餐时间就是她跟妈妈争吵的时候。正是如此，每天的早餐影响了母女俩一天的好心情。嘟嘟之前喜欢吃烤香肠之类的油炸食品，以前都是奶奶过来做早餐，会满足嘟嘟的要求，现在妈妈为了调整她的饮食，下决心自己做早餐了。由于妈妈不经常做饭，为了给嘟嘟准备早餐，她在网上查阅了各种食谱，还一大早起来忙活。

可把早餐摆上餐桌时，嘟嘟一脸嫌弃地说："这是什么破早餐，你做的早餐这么难吃，奶奶做的可好吃了。"

"妈妈下次向奶奶多学习。"妈妈说。

"人家妈妈会做各式各样的早餐，你做得太单调了！"

嘟嘟磨磨蹭蹭，吃饭又比较慢。妈妈在一旁不断看时间，只能一再催促。常常是到了临出门的时间，嘟嘟还没有吃好早餐。妈妈为此反复念叨，嘟嘟还是如此。直到有一天嘟嘟只吃了两口蛋炒饭，就说自己吃饱了。到了日托班，嘟嘟一见到老师就说自己没有吃早饭，妈妈是坏妈妈。妈妈听了很生气，但更多的是伤心和挫败，自己一大早那么辛苦忙碌，却被孩子说成这样。

时刻保持必要的冷静是很重要的，对小孩子的反击和报复不要随意接招，更不能以牙还牙，维系好亲子之间的关系才可能帮助到孩子。

案例 20：

小倩已经上小学四年级了，从新学期开始，妈妈发现她回家做作业拖拉的行为比以前更严重了。妈妈越着急，她似乎越无所谓，这一次语文测试，她居然没有做完。

老师和妈妈都很着急，问她为什么没有写，她一声不吭，也说不出个所以然来。其实在这之前，小倩所有的学习安排都是妈妈给她事无巨细地布置，从来不问她的意见。有时作业做得达不到妈妈要求时，妈妈还会给她作业"加餐"。

表面上看是她作业拖沓，其实她就是在用一种看上去不那么激烈的无所谓的方式来报复。这时，作为妈妈要反思自己对她的行为控制。

当青少年心存怨恨想要报复的时候，常常是言辞激烈、出言不逊的。作为父母，也可能为此自责，伤心失落，甚至贬低自己不是称职的父母。如果你过度伤心自责，你的伤心也会转变为生气和愤怒，表现出来就是对青少年的指责，以此来反击。

案例21：

晚饭后，初二的天宇跟爸爸说，同学们约他去打篮球，他想要爸爸开车送他过去。

爸爸告诉他："我今天晚上有工作安排，所以没有时间送你。"

"如果你没有时间送我，不如你给我钱，我自己打车过去。"

"晚上你一个人出门，我不放心。所以你应该跟你的同学说抱歉，今晚你不能过去了。"

天宇很恼火："我都已经答应他们了，现在说不去，他们会怎么看我？"

爸爸回应："那你以后记住，对于还没有确定的事情不要轻易答应别人。"

"你事先也没告诉我，你晚上需要工作呀……"天宇愤愤不平地离开了座位。

他大步走回自己的房间，把门"哐当"一声关得非常响。爸爸的心提到了嗓子眼，努力平息心中的怒火。整个晚上，天宇进出房间的时候似乎都在不断地甩门，以示自己的不满。这让爸爸感觉到失去了父亲的威严，但他又找不到合适的方式跟天宇去交流。他觉得只要一开口，一场战争又将难免。

如何理性应对呢？孩子的报复举动通常是不理性的，所以你不必伤心自责，但也应该站在孩子的角度想想他的感受。可以双方心平气和地商量一个折中的办法，比如上例中可以让天宇跟同学商量改在第二天打篮球行不行。你要坦诚地告诉他你的难处和感受，这样才能改善你们的关系。

4. 表现出能力不足

表现出能力不足的孩子是极度沮丧挫败的。他认为自己毫无希望，自暴自弃，并且也要让他人相信他能力不足并对他放弃一切希望。这是孩子长期失望、长期无法通过正当途径得到认可的结果。

案例22：

七岁的涵涵上小学一年级，老师反馈他的拼音很糟糕，入学后短短一个月，他已经被批评过好多次，以至于班级里说起谁的拼音不好的时候，大家都会看涵涵。这次放学后，妈妈照例拿出拼音测试，涵涵一声不吭。

妈妈问："涵涵，要读拼音测试，明天要过关的，你为什么不读呀？"

"我不会，反正我是最差的一个。"涵涵嘟着嘴说。

"你不会才更要好好读，要多读。来，妈妈陪你一起读。"

"我不要，反正我也学不会。"涵涵低下头掉下了眼泪。

这时涵涵妈妈才真正意识到之前的学习过程给了他太多的指责了，每天都在强调"你不会，所以要好好读"。

帮助自我感觉能力不足的孩子，你一定要停止所有的批评，注意孩子的长处，对他给予鼓励。

案例23：

李进是学校航模组的金牌选手，代表学校参加过好几次大赛，并且取得了好多奖项。这一次他又要代表学校去参加航模大赛。但令大家惊讶的是，在临比赛之前，他突然提出来要放弃。老师很诧异，他说他特别担心自己的比赛会失败。其实在他参加航模组的这几年中，李进每次得到比赛的奖牌，父母就特别看重这个奖牌，还对亲戚朋友不断地夸奖李进，他觉得这一次比赛对他来说是一个重大的挑战，他没有把握能够赢得比赛，如果这次自己拿不到奖牌，会让父母失望。

李进参加航模组和参加比赛的所有动力来自外在的评价，而他自己从来没有感觉到航模带给他的乐趣或是让他感到自我价值提升的部分。正因为如此，他才会临阵脱逃，放弃比赛。

表现能力不足自暴自弃的青少年，面对挑战和挫折时往往会自我贬低，进而自我放弃，这对他来说是最容易最省力的方式。

案例24：

李栋是初三的男孩，他的父母都是优秀的小学教师，从小对他的学业要求非常严格。可是从初二开始，李栋的学习成绩急速往下滑，从那时候开始，父母对他的学习更上心了。每一次考试过后，李栋的爸爸就会对他的考试做一次分析讨论，最后的结果总是说李栋还不够用心，他应该花更多的时间来学习。

李栋不敢和爸爸发生冲突，但是他的内心非常不赞成爸爸的说法。他觉得自己在学习上已经非常努力了，无奈物理老师的上课方式让他觉得难以接受。他刚跟爸爸说到自己不喜欢物理老师时，爸爸就厉声呵斥了。应该对老师尊敬，要配合老师。

在李栋看来，爸爸跟物理老师一样不可理喻。他还跟爸爸商量，自己很想像其他同学一样，爸爸可以陪他在课外的时间去打篮球、看电影。但每一次他提出这样的要求，爸爸都会说"好的，下次再说"。可李栋从来没有等到下一次。李栋觉得在爸爸心目中，学习成绩永远是放在第一位的，而这些娱乐时间纯属浪费，会影响到他的学习。

进入初三以后，李栋感觉到自己的学业更糟糕了，有时候爸爸看着他的试卷，甚至会说"我看你是没救了！"最近一段时间，李栋的状况让父母大跌眼镜。不写作业，课堂上不是睡觉就是看小说，对考试成绩无所谓，说谎……面对父母的批评，李栋会说"我就不是读书的料"。

青少年说我不行，你会随着他的自我放弃认为他能力欠缺，事实真的是这样吗？如果你回忆一下自己曾经历过的挑战，你就会知道，并不是能力不足，而是需要建立信心面对挑战。这不是件容易的事，我们都需要加油鼓气，遇到暂时的困难是人生的常态，但我们不怕，我们可以不断地尝试。

以上孩子不良行为的目标可以归纳为下表：

孩子不良行为的目标

孩子的错误观念	孩子的目的	父母的感受和反应	可以参考的方式
我的归属感来自他人对我的注意	引起注意	感受：厌烦 反应：提醒、劝说	不予关注； 捕捉积极行为； 停止提醒、哄骗、劝说、过度照顾
我的归属感来自掌控所有，我要有控制权	追求权力	感受：生气、愤怒 反应：打击、妥协	冷静退出； 寻求合作和帮助； 给予建设性的策略
我的归属感来自让他人受到伤害； 我不被爱； 我没有价值	报复	感受：受伤害 反应：反击报复、打压	避免陷入受伤害的感受； 建立信任关系，相信孩子
我的归属感来自他人对我的失望； 我无能； 我无助	能力不足（逃避）	感受：失望、无助、放弃 反应：认同孩子的看法	停止批评，鼓励点滴进步和努力； 发现其他特长，不怜悯，不放弃

（二）目标与行为的互动关系

当孩子出现不良行为时，如何来辨别孩子是否在追求负面的行为目标呢?

首先要来确认,这是否是该年龄段孩子的正常的需求,是否符合孩子的年龄特点?再来看是不是有特殊情况,比如身体不舒服等。比如幼小的孩子,他的基本生理需求如果没有得到满足,累了病了,他也会通过这种恼人的不良行为方式来表现。

如何找出孩子行为所隐藏的目标?从你对他行为所表现出来的反应中去觉察,你会有什么感觉?当你有这样的感觉时,你又会如何对待孩子?孩子对你的处理会有怎样的反应呢?如果孩子以引发注意为目的,你的感觉会是懊恼,从而对孩子善意劝说或提醒,而孩子并不因此而消停。如果孩子以追求权力为目的,你的感觉会是生气。恼羞成怒之下,你会跟孩子抗争,争夺权力。如果是寻求报复的行为,则会让你感到伤心失望。而表现能力不足的行为,会让你感到失去了希望。无论孩子以何种方式追求某一目标,你要找到行为目标的线索来检验自己的感觉,并采取行动。

案例 25:

四岁的文文在家时俨然一个小管家,总要家人放下手中的活听她说话。她觉得这样才能得到大家的关注,从而感觉获得归属感。家人大多会配合她,满足她的需求。但是走出家门,当文文和小伙伴们一起的时候,她的要求在伙伴们看来很过分,大家自然也不能配合她。她就把小伙伴拉过来,"你们听我说,必须看着我,你们快听我说嘛!"显然她在极度寻求大家的注意,而当大家都不搭理她的时候,她变得非常生气,开始了争取权力的斗争。

案例 26：

晚饭时间到了，多多还想搭积木，妈妈提醒，必须把积木收起来，得吃饭了。多多哇哇大哭，以此来抗争，他想自己安排时间。第二天早上，多多不愿起床去幼儿园，妈妈把他从床上拉起来，他又哇哇大哭。妈妈只看到这段时间多多经常用大哭的形式来抗争，却不知该如何处理。

案例 27：

有时不同的行为也可能想要达到同一目标。珊珊刚上幼儿园，每次回家她都特别兴奋，她总想听到家人说"哟，珊珊已经是幼儿园的小朋友喽！"这次珊珊从幼儿园回来，看到家里来了客人。她背着小书包在客厅穿梭。爸爸就说："珊珊，现在在家里，你不需要背书包，可以把书包放下来放回房间。"

珊珊还是背着书包从客厅走到厨房。爸爸笑着对客人说："这孩子，真奇怪，回家还背着个书包！"其实珊珊只是想引得客人的注意。直到客人说，"哎哟，珊珊已经上幼儿园了！"她才放下书包。

吃晚饭时，姗姗哼着幼儿园学到的歌。虽然她不太会唱，但是她一边吃饭一边哼，还不时看看大家。爸爸又说："珊珊，吃饭的时候可不能哼歌曲哦！你不能没有礼貌。"

珊珊听了很委屈，"哇"的一声哭了出来，爸爸看看客人，觉得更尴尬了。其实她要表达的是，"我已经上幼儿园了，这是我在幼儿园学到的歌曲"，她只是想引得大家的关注。

所以说孩子的所有不良行为只是用不适当的小手段获取别人的注意，孩子的不良行为并不是你造成的，他是根据自己对事情的看法做出的决定，如果用符合孩子期望的方式回应，无疑会增强和鼓励他的不良行为。

（三）协助树立积极的行为目标

如何才能协助孩子树立积极的行为目标？如果你能反其道而行之，就不会强化孩子的目的，改变你的主张，就会改变孩子的意愿，如果你用积极而具有建设性的态度来面对，孩子会感受到不良行为的后果，他知道犯规不能达到其所求，这样可以影响改变孩子的知觉和行为。只有你愿意花时间和努力与孩子建立积极的关系，而这种改变并不是一时的，你要彻底改变对孩子的反应，包括改变你的行为以及感觉，训练孩子的方法才会有效。

1. 相互尊重

任何年龄的任何关系中，人与人之间的问题通常都是缺少相互尊重的结果。当孩子表现出不良行为，与你发生冲突的时候，你会感觉到挫败。孩子不尊重你，你告诫孩子要懂得尊重，而结果是某一天，孩子也会如是说，你没有尊重他，所以你要认清尊重是先敬人而后人敬之。抱怨、责备、打骂、替代、包办等都显示你缺少对孩子的尊重。建立相互的尊重，必须先从愿意表现出对孩子的尊重开始，减少你们的冲突，在友善和谐的氛围中与孩子说话。

案例 28：

六岁的糖糖有了自己的小房间，妈妈在糖糖的门口挂了一个小铃铛。

每次要进糖糖房间时，妈妈会摇动小铃铛，并且询问："糖糖小朋友，我现在可以进来吗？"

糖糖有时会跟妈妈说"可以"，有时会说"妈妈，你要等一等，我正在做……"妈妈每次对糖糖的尊重，让糖糖觉得小房间是她自己的领地，是可以自己做主的地方。同时她也学会了进入父母房间时也要敲门，征得同意以后才可以进去。

糖糖要买一个小书包。妈妈从网上下载了几张图片，并告诉糖糖，"这是我们打算买书包的价格参考范围，你可以在这几个书包当中选择自己喜欢的。"糖糖很认真地做了比较，从款式、大小、颜色、功能，比较的过程中她也主动询问妈妈的意见，最后她选到了自己喜欢的书包。以后她在挑选物品时也会询问妈妈，自己可以在哪些范围内做选择。

当你对孩子表达尊重时，会赢得孩子的合作，也教会了孩子尊重。

六岁之前，是一个人自尊发展的理想阶段，凭着他对得到的回应产生的感受，逐渐形成对自我价值的信念。要想建立孩子的自尊，必须以互相尊重为基础，这意味着你和孩子一样都具有价值，你尊重他，你也希望他对你和周围人是尊重的。要得到孩子的尊重，首先你要能尊重自己，你会重视欣赏和接纳自己，这样你才能成为一个好的角色模范。

案例29：

薇薇是一个全职妈妈，但她却不像其他的全职妈妈一样，回归家庭后只围着孩子转。她对自己的生活有多种安排，她有多项兴趣爱好，并参加了一些社团活动。对于孩子的成长，她也秉持着积极乐观的态度，即使发生再糟糕的事情，她也总能积极看待，有时是幽默地处理，孩子很喜欢和妈妈待在一起，感觉特别轻松。

不可否认，这样的妈妈也是孩子最喜欢的。

2. 鼓励

真正的鼓励是发自内心的，从心底相信孩子，让孩子感受到自己是可以做到的，他能相信自己，同时也相信你对他的信任。彼此的信任，会促成良好的合作关系。"我相信你"不一定要通过语言的表达，足够的信任是从一个眼神、从你的举手投足间就能感应到。

案例30：

暑假时，妈妈带着九岁的伊宁去操场锻炼。伊宁是一个比较腼腆的男孩子。他跟妈妈一起绕着操场跑了五圈后就坐在单杠旁休息，妈妈也在他身旁坐下来，发现他的目光锁定在打篮球的一群男孩身上。那些孩子看上去跟伊宁差不多大。伊宁远远地看着他们。

妈妈问："你是不是也想跟他们一起去打篮球啊？"

伊宁摇摇头，"我又不认识他们，他们一定不会让我参加的。"

"其实你很想跟他们一起去玩，因为不认识怕被他们拒绝是吗？"伊宁点点头。

妈妈继续给他鼓励，"有时候我要去跟一些陌生人交流，也会担心的。等准备好了再出发。"

一连几天，伊宁每次跑步结束都会坐在老地方看男孩们打球。妈妈就陪他坐着，看着那一群小男孩打篮球。

这天，正当他们也在旁边观看时，篮球不知怎么的跑到了场外，正好到了离伊宁不远处。

妈妈看了看说："他们的球滚出来了，看来正需要帮助。"

伊宁跑过去，捡起球还给那些小男孩，并鼓起勇气说："我可以跟你们一起玩吗？"

"当然可以，欢迎啊，我们已经发现你来了好几天了，一起玩吧……"

鼓励，是教育孩子的一大利器。孩子对于鼓励有着渴望，他们更喜欢从父母那里得到鼓励，而不是责备或贬损。有了父母的鼓励，孩子的自信心就会大增，做起事情也会更加积极主动，也更容易取得成功。

因此，在日常生活中我们要适时地对孩子说："这次考得不错，比上次提高了5分！""这盘菜的味道真好，我最喜欢我儿子做的这道菜了！""你的方向感真强，我却是个路盲，每次上街都依赖你！""这个毛笔字写得真好，力透纸背，很有力量感！"

3. 传达爱意

由于受我们传统文化的影响，表达爱总是显得那么生涩，对待孩子也是如此。你是否经常用行动或语言告诉你的孩子你爱他？孩子是否会跟你确认你是否爱他？他要感觉到安全，感受到爱，并且觉得自己被爱。

案例31：

9岁的姐姐乐乐和7岁的弟弟天天，他们俩的关系非常好，姐姐会照顾弟弟，弟弟也经常给姐姐帮忙。他们俩在一起时，几乎不会闹矛盾。别人看到他们俩，都会羡慕他俩的爸爸妈妈，带着两个孩子真的太轻松了。

我们来看一下他们家庭当中是如何表达爱的。每年家庭成员的生日，简单、温馨、温暖是生日的主基调，蛋糕、卡片、自制礼物一样都不能少。每次定制蛋糕的时候，他们会在蛋糕当中署名每个人的字母代号。每张生日卡片上都会写上自己想要表达的爱意，最用心最特别的就是自制礼物，这会让家人们都感到非常惊喜。

自制礼物的灵感来于生日者上一年的许愿。每次寿星会把愿望写在许愿卡上，许愿卡放入许愿魔盒。家人会根据许愿卡的提示去准备礼物，或者准备意外的惊喜，总之生日是会收到很多惊喜和感动的日子。

案例32：

子墨的爸爸在外地工作，只有到了周末才能回家。很多时候，子墨只能通过视频或者是电话跟爸爸联络，可有时候子墨还是会很想爸爸。爸爸送给子墨一本小本子，让子墨把每天的心情用表情符号记录下来。爸爸也是如此，把一天的心情记录在小本子上。等到周末爸爸回来的时候，他们俩就一起来分享每天的心情。这对子墨来说是最开心的时候。

每次分享完，爸爸和子墨之间还有一个秘密的手势暗号，用手指做一个数字六的手势，然后转一转，表示开心。这是只属于他们俩的手势暗号,连妈妈也不知道。当他们俩转动手指的时候,会相视而笑。所以爸爸虽然在外地工作,但是子墨觉得爸爸是最爱他的,他也特别喜欢跟爸爸的互动时间。

经常性地告诉孩子你爱他,会让他感到被爱,感到温暖和踏实。也不要吝啬你的肢体语言,拥抱亲吻、拍拍肩、握握手,或是设计专属于你们的手势暗号,对孩子来说也是极其重要的。

4. 多花时间与孩子轻松娱乐

陪伴是对孩子最好的教育,与孩子独处的时间对孩子来说是最好的馈赠。高效而有质量的陪伴不是以时长来衡量,一个小时的良好关系的互动胜过数个小时的冲突。每天划拨出固定的时间陪孩子,做你们都喜欢的事情。最好的父母,双方轮流着陪伴属于孩子的独处时光,一起陪孩子度过亲子时光。如果你有两个孩子,建议你单独与每个孩子相处,这种独享的时光,对孩子来说是充满着惊喜与感动的。

案例33:

开心是一个八岁的小姑娘,她有一个五岁的妹妹。自从妹妹出生后,开心和妈妈之间有一个约定,每天晚上,妈妈和开心会度过专属于她们的秘密时间。晚上在睡觉前,妈妈每天都会安排半个小时陪开心,给开心讲故事,陪她聊天。而每次结束的时候,妈妈都会说:"开心,爸爸妈妈都爱你。妹妹也爱你。"开心听完妈妈的话,也会说:"我爱爸爸妈妈还有妹妹。"每次她都能够非常开心满足地睡着。

案例 34：

李丽是一个做事特别讲规则高效率的人。其实这也得益于他们家对于家庭日的安排。李丽家里把每个月的第三周的周末定为家庭日。在这个家庭日当中，他们会固定做两件事情。第一是去图书馆，第二是去户外。有时是爬山，有时是去海边。为了让家庭日能够顺利开展，他们一般从上一周末的家庭会议就开始安排。

爸爸负责规划线路和开车，包括对车子的检修、加油等准备工作。妈妈负责安排食物和便当。李丽负责家庭会议的记录以及出行时间规划，注意事项，准备出游的各种器材，野餐垫、登山棒、雨伞、应急药物等，还负责查看天气预报，提醒家人应该穿怎样的衣服。

随着李丽的长大，她也可以去分担妈妈的部分工作，她会帮妈妈准备一些水果和小零食，并把这些分装在保鲜盒中。经过几年的家庭日活动，李丽还整理了应对意外状况的出游锦囊。全家人都很享受这样的时光。所以当李丽去策划安排班级或者社团的活动时，她总是信心满满，能高效而高质量地完成任务。

对于孩子来说，家人一起完成一件事是非常开心的。在家庭日这一天，各人发挥自己的力量，一起总动员，不仅会增加孩子的成就感，还能让孩子体会到浓浓的亲情。因此，父母要尽可能地花时间跟孩子一起玩或娱乐。比如一起去图书馆、一起家庭大扫除、一起出门旅游等。

第四章 鼓励：建立自信和自我价值

鼓励是肯定孩子的优点长处，建立自信自尊的历程，通过适当有效的鼓励，可以帮助孩子相信自己和自己的能力，帮助孩子有勇气面对不完美。鼓励是不再专注于孩子的缺点，而是指出他们所做的成就，用积极正面的方式来对待。所以说鼓励是改善亲子关系的重要技巧。

一、父母应该避免的态度和行为

你已经下定决心，要变成多鼓励少责备的父母，你就要清楚哪些态度和行为是你应该避免的。

（一）什么是挫败感

案例1：

十岁的小宇，作为三年级的他来说近来受到了太多的批评，让他对自己丧失了信心，连续三次计算考核不过关，又多次被老师留下补作业，他觉得自己非常失败，老师家长也是如此认为，这种感觉太糟糕了。小宇为何对数学如此缺乏信心？其实他体验到的是强烈的挫败感。

当孩子放弃参与学业和活动时，大多是因为挫败感。他会认为自己的能力不足，无法达到别人对他的期许。觉得周围所有人都不看重自己，于是他任由自己感到无能，并且不再做尝试和努力。看到孩子如此自暴自弃，你是否着急得想要让他振作起来？若是方法不当，不仅不能帮助你的孩子，反而会更激发他的反抗，徒增他的挫败感，而新的冲突又会让你们争执不下。你应该做的是放下你的固执，从争执转向鼓励。

（二）父母是怎样影响孩子的挫败感的

父母在与孩子的互动中，哪些行为会让孩子更感到挫败？

1. 消极期望

当孩子执行某项任务或迎接某项挑战时，你是否会担心他不能成功？你的担忧对孩子来说就是消极的期望，他把你的期望内化变成自己的期望，于是就开始怀疑自己的能力。结果大多如期望那样走向失败。

案例2：

四岁的小文第一次上台走秀，妈妈却显得比小文还要紧张。在小文上台前，妈妈反复对她说："文文，你不要害怕，要跟着音乐节奏走，不要偏台，亮相动作一定要干脆有力……"文文听着妈妈说了一大堆，看到妈妈紧张的表情，感觉到妈妈一点都不信任自己，也担心自己会在舞台上怯场。果然文文上台后显得特别慌乱，脚步未能合上音乐的节拍，她还站错了位置。整个上台过程，文文的笑容都是凝固的。一下台，她就哇哇哭了。

案例3：

已经初二的立东即将面临校运会1500米的比赛。班主任在一旁给他打气，"这次的1500米，对你来说是巨大的挑战。你看，这次你遇到的对手都很强劲，他们是……你真的要打起精神，可不能小看他们哦，加油！"哎，对手好强呀！立东听到班主任的担心，心里发毛，气都泄了一半。想到他们班的运动会成绩向来糟糕，自己的担心就更重了。比赛开始，立东拼尽全力，结果还没过1000米，就感觉到精疲力竭，远远地落在后面了。

在人际关系中，最大的力量是"期望"，亲子关系尤为如此，如果你传达的是消极的期望，这会让孩子连尝试都不敢。请你好好思考，以往你给孩子的期望传达的是什么信息呢？是增强了他的力量还是削弱了他的力量？

2.过高的标准

我们常说，不要让孩子生活在别人家孩子的阴影之下。回想一下，无形之中你是否会用别人家孩子的标准来要求你的孩子呢？虽然你是出于好意，但这给孩子传达的信息却是：你不够好，你还没有达到更高的标准，你可以做得更好！设想一下，如果孩子也用别人家家长的标准来要求你，你会是什么感受呢？

案例4：

关关的期中测试破天荒地进了班级前五。晚饭后，爸爸拿着关关的成绩单说:"这次考得真不错,其实你是可以做到的。如果数学上能再加把劲,你完全可以进入前三名。"听到这里,关关的心就凉了,他心想:如果我下次不能达到爸爸的要求,该怎么办呢?还不如不要考到第五名才好呢。

案例5:

小文新买了一双系带运动鞋,妈妈旨在锻炼他的手部灵巧性,但却提出一个要求,让小文两天学会系鞋带,因为同龄的小林系鞋带已经很熟练了。以同龄孩子掌握的技能要求自己孩子做到,这是很多家长会参考的标准。小文一次次努力系鞋带,但是又很快会散开,以至于他想脱掉新鞋子,再也不要穿了。

过高的标准有时来于要求完美的父母,他们不仅对自己严格要求,同时也用高标准来要求孩子。他们觉得自己的孩子应该跟自己一样,还经常会把自己当年是如何做到的告诉孩子,以此来激励。可这样往往会让孩子不敢去尝试,如果他认为自己不够完美,或者存在失败的可能,他就止步不前了。

案例6:

高一的丹丹在跟父母交流学习上的事,她说高中化学真的很难,老师每次课都会讲到好多知识点,自己都有点应付不过来了,打算晚上整理错题。爸爸在一旁按捺不住了,他很想把自己当年的学习经验告诉丹丹,刚说了一句，丹丹就很不耐烦，"又来了，每次我一说到学习难，你就说你的那套经验，你的意思就是我不如你，你对我的测试是不满意的……"爸爸愣在那里，还一脸无辜的样子，"我说的是事实，高一你不抓紧，错过知识点，以后还怎么跟得上……"

有些人会说，不是自己对孩子要求高，是孩子对自己高要求，我们会看到很多想赢怕输的孩子，这背后是否有一个追求完美的你呢？

案例7：

十岁的哲宇和爸爸妈妈一起下飞行棋，每次他都想要赢，如果输了，他就发脾气，要求重来，一直到他赢了才肯罢休。爸爸妈妈觉得很奇怪，为什么他对下棋这么较真？我们并没有过分强调赢的概念呀！

我们来看看哲宇在平时的作业中爸爸妈妈是什么态度。考试要基本达到优秀的标准，假如没有考到优秀，爸爸就会拿着他的卷子全面分析；作业书写必须端正工整，如果哲宇的书写稍显潦草，妈妈会勒令他擦掉重写；老师布置的背诵，必须流利有感情，否则要重新背。

当你次次让他重来的时候，他就知道，不管自己做什么，在你眼中都是不够好的。换句话说，你期望孩子的表现超过他们的年龄与能力。所以，逐渐地，在哲宇的信念当中，必须达到完美的标准才可以停歇下来。他不能控制自己的学习，却可以控制下棋的场面。

3. 双重标准

"蹲下来和孩子说话,让孩子感受到平等",听到这句话你会感觉到熟悉吧。而你作为家长的心理优势,是否也能"蹲下"来呢?你是否会认为,身为家长,应该有孩子没有的权利和特权,从而否定对孩子应有的尊重?

案例 8:

今天轮到爸爸辅导作业,晚饭后,他让丁丁拿出拼音训练开始朗读。拼音朗读是枯燥而漫长的过程,对听的人来说也是如此。爸爸听了一会,就窝在沙发上,捧起了手机。

丁丁问爸爸:"爸爸,为什么你可以看手机,而我不能看?"

"因为你要写作业,爸爸忙了一天,看手机是在放松。"爸爸都不看丁丁一眼。

"你白天在工作,我白天在上学,你晚上可以看手机放松,而我晚上还得写作业,这样不公平。"

爸爸转过头看着丁丁说:"因为……"爸爸一时说不上来,丁丁抬着头在等着爸爸回答。"因为我是爸爸,你以后长大了就懂了。"

这有特权的回答让丁丁很沮丧,可又有什么办法呢?他只能很不情愿地读拼音,脑袋想的都是"这不公平"。

案例 9:

浩浩放学回家,把外套往长沙发上随手一扔,恰好被妈妈看到了,

"跟你说过多少次了,外套要挂在衣架上,不能随便扔在沙发上。"浩浩觉得很奇怪,爸爸的外套也是随手扔在沙发上,妈妈为什么不说他呢?

当你享有特权而否定孩子的权利时,就会让他感受到,他在家中是比较没有价值的。

案例10:

每个周末,小米要去参加英语的培训课,由于培训地点紧挨着商场,妈妈每次送小米之后就会去逛商场,小米就很奇怪,为什么我每次要学习,而妈妈可以放松呢?妈妈的回答是:"因为你是学生,而我是成人,可以自由支配自己的时间。"这个回答是大多数家长共同的观点吧。但是让小米质疑的是,我什么时候可以安排自己的时间,可以自主地选择自己的学习方式?

既然想让孩子有所提高,就不要跟自己的要求背道而驰。让孩子学习,你却去逛商场;孩子处于紧张的学习状态中,而你却在悠闲地逛街……如此,孩子很容易感到心理不平衡。因此,父母不能用双重标准来对待孩子和自己,要求孩子做某件事时,自己也要尽量向孩子靠拢,同样是上面的案例,孩子上辅导班时,你完全可以拿本书在外面看或者找些事情来做,不要让孩子觉得你无所事事。

4. 助长手足之间的竞争

如果你有两个甚至更多个小孩，是否有这样的时候？当看到某个孩子的不良行为时，无意之中会把两个孩子作比较。在你的言行中，表现好的孩子就成了标杆，忽视或批评表现不好的孩子。或许是非语言的方式，通过表情、动作、眼神等给孩子传递这种感觉。这无疑助长了孩子之间的竞争。

案例11：

11岁的小茜，虽说已经上小学四年级了，在校表现良好，可是一回到家，她就和八岁的妹妹闹矛盾，在妈妈眼里，妹妹比小茜更乖巧听话。小茜很喜欢看课外书，完成作业后她会窝在沙发上或者坐在书桌前看书，但是小茜不注意自己的姿势，也不注意周边的环境，比如天色暗下来了，她还没有开灯。

平时妈妈总会提醒，不知什么时候开始，妹妹就学着妈妈的样子提醒，"姐姐，你又不开灯看书，真不懂事……"在小茜听来，这是妹妹抓她的小辫子了。就没好气地说："瞎操心，你管好自己吧。"妹妹就跑过去跟妈妈告状，自然会引来了一顿唠叨。

小茜狠狠瞪了妹妹一眼。妈妈说："你作为姐姐，都没有姐姐的样子，有时候真得向妹妹学学。"在妈妈眼中，谁表现会更好成了小茜和妹妹相互竞争的目标。而小茜已经习惯了没有姐姐的样子那种角色，似乎在跟妹妹的竞争中，耍赖不合作、无理取闹才会让她在家庭中的地位更稳固。

案例12：

姐姐欣欣和弟弟蒙蒙是一对龙凤胎，他们俩一起去学架子鼓。姐姐的节奏感、手眼协调各方面都比弟弟胜一筹，一期学下来，欣欣可以进入高一阶的课程，而蒙蒙依然得学习基础课。每次跟人说起两个孩子学习架子鼓的情况，妈妈就会对欣欣一番赞赏，对蒙蒙连连摇头，蒙蒙越来越没有学习的信心，还没等第二期学完，就想要放弃了。

每个孩子都有长处和短处，当你用一个孩子的短处去对照另一个孩子的长处时，对于有短处的孩子来说，是永远做不到像对方那么优秀的，既然做不到，就不要努力了，于是，孩子选择了放弃。

二、父母表达鼓励的态度和行为

要避免让孩子产生挫折感，应该用怎样的态度和行为来对待呢？

（一）积极信任的态度

父母对孩子积极信任的态度能帮助孩子更信任自己，要不断鼓励孩子，停止对孩子的消极评论，消极的评论会给孩子负面的暗示。鼓励要以尊重为基础，面对问题的发生，以积极态度先倾听，然后给予建设性的意见，分析可能的后果，一起寻找孩子应对此类事件的方法。

案例13：

三岁半的丽莎新买了一件系扣子的外套，奶奶抱怨说："这衣服穿着实在太麻烦，丽莎还太小，根本就不会扣，你不该买这样的衣服。"

妈妈对待这件事情的方式却不一样，她看到丽莎学系扣子的认真劲，相信只要教她技巧，给她时间多多练习，她就可以扣得很好。所以，妈妈阻止奶奶想要帮助她包办替代的行为，而是告诉丽莎："慢慢来，不着急，你的小手好灵巧，又一个扣上了。"

有时丽莎会扣错，妈妈仍然会说："慢慢来，咱们又多了一次练习的机会，小手会更灵巧的。"听了妈妈的鼓励，丽莎很愉快地学扣扣子。

如果孩子要求帮助是为了得到注意或是一时想不出更好的办法，他不能独立完成要面对的困难，你要坚定地告诉他，你对他的能力有信心。

案例14：

14岁的云翔要参加演讲比赛，可在比赛前一天，云翔在演练的过程当中指导老师连连摇头。老师寄予他非常高的期望，给他提出了很多意见，无论是稿子的编排，还是演讲的技巧，似乎都不让老师满意。这让他十分焦虑，修改稿子已经很不现实，怎么办，难道要放弃比赛吗？

云翔回到家，爸爸看到他耷拉着脑袋的样子，问："儿子，怎么了，看上去不开心？"

"唉，明天就要参加演讲比赛了，今天被老师批得一塌糊涂，稿子不行，也来不及修改了，我怎么去嘛！"云翔沮丧地说。

看来老师的点评让云翔对即将到来的比赛失去了信心，与其去弥补不能在短时间内去修改的稿子，不如发挥他的长处，信任他。

爸爸告诉云翔："我知道你有担心，现在无法临时再修改稿子，你看看可以做怎样的小调整。你想想演讲最重要的是什么？"

"气场喽！"

"对啊，你曾经有过多次上台的经验，你的演讲气势、场控能力是你的优势。我相信你可以发挥你的优势。"

云翔回想起自己曾经演讲的成功经验，给自己打气，从容上阵。

记住，只有你对孩子足够信赖，他才会相信自己。即使孩子犯错，你也要低调地处理，把你的信心传达给他，不断鼓励和肯定孩子努力的积极面。

（二）忽视消极行为

当孩子不断地重复出现同一类型的负面行为，你要反思一下，你帮助他的方式是否在不断强调他的短处，而这样做将适得其反，会让孩子变得很灰心。

案例15：

四岁的小俞最近看到，幼儿园小朋友发出各种各样的怪叫总能赢得大家的大笑。小俞觉得很搞笑，也试着模仿怪异的声音，并且回家后时不时发出这样的怪叫声。妈妈很好奇地问他："小俞，你学的是什么叫声？你从哪里学的呢？"小俞就跟妈妈讲了幼儿园里天天发出怪叫声的趣事。

妈妈明白，小俞只是想引起大家的注意。之后一连几天，小俞依然不停发出怪叫声，妈妈好像没听见似的，对他的行为不予理睬。几天之后，小俞或是觉得没有人关注他，感到很无趣，也就自然停止了怪叫声。

有些孩子通过关注别人的行为来引起你的注意，比如打小报告。其目的是让自己看起来很好，或者是获取平等的待遇。如果你允许孩子以这种方式达成目的，那么他下一次还会故伎重施。有效的方法是不理会，同时要随时关注他的积极行为。

案例 16：

每个周末，五岁的小浩会跟随爸爸妈妈去外婆家。他很喜欢跟哥哥一起玩，但是每次都要跟大人们告哥哥的状，以至于哥哥总要撇开他独自玩。这次哥哥在画画，不小心水粉涂到了桌布上，小浩马上去告诉大人们。对于小浩的告状，妈妈说知道了，但是并不予理会。小浩不得不自己找乐子，他拿出黏土自己玩，妈妈看到后说："小浩自己玩黏土，也很开心哦。"

看到孩子向自己打小报告，妈妈并没有理会，不可否认，这位妈妈是明智的。孩子之间的问题，就让他们自己去解决，否则孩子永远也长不大。

（三）聚焦优点和长处

一个人要觉得自己有能力，必须先觉得自己有用，并知道他的贡献是受到肯定的。肯定他的才能，并建议发挥这些才能为家庭做贡献的方法，会协助孩子找到自我价值。如果孩子对家庭有贡献，便会在家庭当中获得满意的位置。

案例17：

九岁的紫妍参加夏令营回来，已经学会了洗衣服。回家后妈妈发现她在洗衣服、整理衣柜等方面比自己还要有条理，就由衷地表示了自己的惊喜和欣赏。

"哇，妍妍，夏令营回来不一样喽，妈妈才发现你这么能干，把衣服洗得这么干净，衣柜也整理得井井有条。能不能告诉我，你怎么做到这一切的呀？""妈妈你看……"紫妍兴奋地讲她洗衣服和整理的经验。

妈妈顺势提出来家里的花圃的日常浇水，需要有一个人来分担，询问紫妍是否可以帮忙分担家里的家务活。紫妍想了想说可以考虑。

妈妈把这项工作纳入下一次家庭会议的议题。经过会议的讨论，紫妍承担家里的花圃浇水的日常工作。家人也时常对紫妍的付出表达真诚的感谢，这让紫妍觉得自己越来越能干，每次劳动心情也非常愉悦。

看到紫妍擅长洗衣服、整理衣柜等，家人经过商量决定让她承担起了花圃浇水的工作。不可否认，这确实是紫妍发挥长处的好方法。每个孩子都有自己的长处或优点，家长要积极发现，鼓励他们将优点发扬光大，更要给他们提供发挥长处的机会。如果孩子的某种特点好像是缺点，也可以应用这样的方法，把他的缺点转变成优点。

案例 18：

十六岁的玲玲升入高中，开始住校生活。开学之前，她对住校充满了好奇和兴奋，但两个星期后这种感觉就荡然无存了，代替的反而是对寝室的厌烦以及对家的渴望。

她回家后开始抱怨，自己并不适应住校生活，洗澡洗衣服都要跟同学抢水龙头，也正因如此，会跟同学发生一些小摩擦。爸爸妈妈知道女儿向来敏感，这既是玲玲的缺点，也是她的优点。他们就利用了玲玲细腻敏感的特点，让她去感受对方的立场，玲玲总能准确捕捉到对方的想法，而站在别人的角度看问题，就正好化解了她与人相处中的摩擦。

人无完人，我们都是有缺点的人。如果你能从全面的角度来看孩子的优缺点，不把焦点集中在他的缺点上，而多去看他的优点，当你把焦点集中在他的优点上时，你就能给他更多支持和鼓励，从而给他面对生活中挑战的勇气。

（四）肯定努力与进步

如果你只对孩子的成就和良好表现才表示认同，会让孩子误以为，除非自己近乎完美，否则就是不够好。鼓励含有理性的期望，接受孩子正在努力，不论失败或者是成功。如果你只是在事情完成时才给他鼓励，那么鼓励的机会就会大大减少。肯定他的努力，而不局限于他的成就，对他来说，一点一滴的进步都是有价值的。

案例 19：

六岁的小语刚刚学写毛笔字。爸爸走过来，拿起一张小语练习的毛笔字欣赏起来。

小语有点怯怯地问："爸爸，我写得好不好？"

爸爸好奇地问小语："小语，爸爸看到你写得非常用心，你能告诉我你自己觉得写得好不好吗？你的感觉很重要。"

小语手指着练习纸，"我觉得这几个字写得不错，我喜欢写毛笔字！"说完，小语开心地笑了。

小语的毛笔字写得不错，她渴望得到爸爸的肯定，而爸爸也感受到了女儿的心思，于是便给出了肯定的表示，继而让小语坚定了写毛笔字的信心。

如果孩子有始有终地完成一件事，你会看到事情的结果。比如说，赢得了某项比赛，得到了某个荣誉，在这种情形下，你很容易给予孩子鼓励，肯定他的努力和进步。可是，在孩子努力的过程中，我们并没有看到成就，如果你只有在事情获得成功的时候才给他鼓励，那么鼓励的机会是不那么容易得到的。承认他的努力和进步，能够帮助孩子体验到点滴的进步，也是一样有价值的。

案例 20：

十五岁的丽莎在新学期加入了非洲鼓小组。学习任何一样乐器，练习总是很重要的。丽莎在家练习的时候，虽然已经把门关上了，但不那么合拍的鼓声还是会响彻整个屋子。爸爸回家后，丽莎马上停止了打鼓，她怕爸爸听到这么不和谐的鼓声。的确，听不和谐的演奏或打鼓都是一种受罪。

而爸爸却说："你怎么停下来了？听起来今天鼓声的节奏感比昨天好多了，我想你应该打得很开心吧！"

丽莎不好意思地一笑，"是吗？那我继续练习。"在爸爸的鼓励下，丽莎又愉快地敲起了鼓。

父母对孩子的鼓励，确实能让孩子更加有信心，提高做事的主动性。当孩子在客厅里哼唱歌曲时，你可以说："我闺女唱得真棒，比原唱歌手唱得还有味道。"当孩子将书架整理有序时，你可以说："整理得这么整齐，地还扫得这么干净！"当孩子帮助同学时，你可以说："真是个乐于助人的孩子，好好跟同学相处！"

三、鼓励和称赞的差别

你是否会鼓励孩子？大多数父母会说，有啊，我一直有夸奖称赞孩子。但是，你是否知道称赞可以是鼓励，但称赞不等于鼓励。要了解两者之间的差异，就要考虑称赞和鼓励的目的和效果。

（一）从目的上来看

称赞注重结果，而鼓励更注重于过程。称赞是奖励，以竞争为基础，是对达成结果的奖赏，只有获胜者才能得到。你称赞孩子时的心态是：你做了我认为好的事，你会从我这里得到承认和嘉许。而鼓励是对孩子付出的努力和改进而言，无论改进是多么微小，鼓励的目的是帮助孩子觉得自己是有价值和被尊重的。凡事有努力、有用心、有改进，甚至有兴趣，在孩子表现低落的时候，都可以给予鼓励。如果孩子觉得自己做得不够好，面对失败的局面，你依然可以给予鼓励。

案例21：

十四岁的颜曦第一次参加国际钢琴大赛就获得了金奖。所有人都来祝贺，可以说称赞铺天盖地地来了。"你得到金奖真棒啊！""恭喜你获得了金奖。""你太厉害了，真替你感到骄傲！"听到这一切称赞的时候，颜曦想起了之前多次参加比赛却没有得奖的情景。

在此之前的三年，颜曦参加过好几次钢琴大赛。每次都是进入了复赛后，但没能取得好成绩。她看到很多人会像今天恭喜她那样给获得奖项的选手投去羡慕的目光，以及由衷的各种称赞，而她收到的仅仅是安慰，身边很多人会对她说："颜曦，这次没得奖没事的，你只要多练习，可以重新再来的。"

在这次报名之前，她都想放弃了。而妈妈始终会跟她说："我看到你很努力。在这么多人面前你顺利地演奏下来已经很不容易了，你的经验又丰富了。"

平时妈妈对她的鼓励也是如此，每次她坚持练习时，妈妈都会鼓励。这一次，颜曦得了金奖，妈妈还是注意有效的鼓励："哇，颜曦，恭喜你获得金奖，这是你这几年来的努力和坚持训练的结果。其实这奖杯不仅仅是对今天比赛的奖励,更应该奖励给平时你付出的努力。"颜曦听到妈妈的鼓励,很感动地点点头。

由此我们可以看出,赞美是奔着目的而去,而鼓励可以随时都在。

(二)从效果上看

称赞是通过外在的奖励来激励孩子,是一种社会控制的方法,依赖称赞,会让孩子认为,最好以他人的意见行事,只有让他人满意,我才显得有价值。他的努力方向会指向如何获得称赞,而不是合作。称赞让孩子学会拿别人的目标来衡量自己能力的高低,遵从别人的要求,学会服从和讨好。

案例22:

芸芸从进幼儿园开始就乖巧懂事,老师总夸赞她"芸芸好乖,芸芸真是个好孩子,小朋友们要向芸芸学习。"对于芸芸来说好不好、乖不乖,老师是不是喜欢,每天有没有听到老师的夸奖,是自己追求的最大目标。而现在她进入了小学,老师不再夸奖芸芸很乖之类的话。一个星期下来,芸芸很沮丧,她想是不是自己做得不够好,是不是老师不喜欢自己呢?

小星跟芸芸是幼儿园同学,现在又成了小学同学。在幼儿园时,小星可调皮了,总被老师指出来。他回家时会跟妈妈说起,"幼儿园里有个叫芸芸的小朋友特别乖,老师很喜欢她。"

妈妈就会问小星:什么是特别乖呢?小星就去观察,然后告诉妈妈他所观察到的。上课时,芸芸没有离开座位,屁股坐在凳子上没有动来动去。吃饭时，芸芸很安静，会把饭菜都吃完……妈妈对小星一点一滴的观察及时给予鼓励："你的观察能力很厉害！"

后来，小星不断地告诉妈妈，今天课堂上他的小屁股只离开了座位两次。每次小星说到一点点的变化，妈妈都及时给予鼓励，正是如此点滴的变化，让小星感觉到自己不断在进步，这种我可以做得越来越好的感觉就是小星自我价值的提升。进入小学后，他知道自己该怎样跟老师更好地合作，而不是一心只想做乖小孩。

对自己的行为负责，在鼓励中衡量自己的进步，这会让孩子接纳真实的自己，哪怕是不完美的。帮孩子建立面对困难的勇气，并学习自己做判断。

（三）从表达上看

赞美运用的字眼，是对孩子有价值判断的，是你对结果的评价，"你是个好孩子""你是个乖孩子""你得到了满分，真为你骄傲"。在你认为那是好的表现时，你确定孩子也是同样的感觉吗？谁的评价更重要呢？不要对孩子抱着每次都要有杰出表现的期望，不要只在他获得成就的时候表示以他为荣。鼓励注重孩子努力的过程，是对孩子有价值表现的肯定。

案例 23：

五岁的莉莉开始学习叠自己的小衣服，她昨天把自己的衣服叠得很整齐。妈妈称赞她，"真棒，衣服叠得这么整齐，妈妈很开心哦。"可是今天的衣服是丝质的，滑溜溜的，莉莉怎么也叠不好。她每叠一次，会抬头看一下妈妈，妈妈似乎在等她叠出完美的小方块，很有耐心地等着，却一言不发。莉莉越发着急了，怎么也叠不好，又重新来几次之后，她"哇"的一声哭了出来。

当莉莉一次次叠不好衣服的时候，她想自己不能得到像昨天一样的称赞了，所以她感到很挫败。如果这时候妈妈给她鼓励，"莉莉，这件衣服很滑，叠起来很难，但你已经努力在做了，这很不容易，谢谢你的帮忙。"这会让莉莉感到自己在做的是有帮助的、有价值的。

案例24：

15岁的小苏没有接受过任何形式的舞蹈培训，近期却突然宣布，元旦文艺汇演他要跳一支爵士舞，父母都为此很惊讶。看他在家里对着视频练习，蹩脚而又滑稽的舞步，妈妈还是饶有兴致地作为忠实的粉丝在观看，小苏跳完一遍会问妈妈："我跳得是不是很丑？"妈妈说："我看你跳得很投入又很开心的样子，我被这样的快乐感染了，你觉得自己是不是很享受这样的过程呢？你如果开心快乐，传递给每个人就好……"

妈妈做到了以孩子的感受为重，这样的鼓励才会让其不断地提升自我价值感。

四、鼓励的用语

当你评论孩子的努力时，要注意避免对他的行为加上价值判断的字眼，鼓励比称赞更能帮助孩子建立自信。

（一）表示接纳

接纳意味着看到了孩子的状态，通过描述事态变化，表达或询问孩子的感受，以及你对此的感受，会让孩子感受到自我价值。

"我看得出你很开心。"

"你对这次活动感觉怎么样？"

"你处理那件事的方法我很欣赏。"

"你对这个人的宽容，我很敬佩。"

"你既然不满意这样的状态，你想做些什么可以让自己觉得快乐一些呢？"

"看到你因帮助佳佳而感到开心，我也很高兴。"

案例25：

八岁的阿迪在做黏土手工，可袋鼠太难捏了，怎么也捏不好，一气之下，阿迪把黏土摔在桌子上揉成一团。妈妈对阿迪说："看上去你很生气，对自己捏的袋鼠不满意，那么你想想看怎么捏才是你想要的样子呢？"阿迪沉下心来，又开始搓揉黏土，继续黏土的制作。

案例26：

13岁的于东新学了吹葫芦丝，上了几次课以后，他的新鲜劲就过了，觉得练习好枯燥。他回家后极少练习，妈妈很想跟以往一样提醒他练习，但想到这是于东自己经过思考后选择的培训，该是让他学会自己承担了。

妈妈对于东说:"学习葫芦丝是你自己的选择,你如果不练习,这一期课结束后,我将不再为此做投资,你可以选择。"

赋予责任是一件有价值的礼物,表示我对你是尊重的和信任的,我相信你可以做到,也能为你自己负责。

(二)表示信心

当孩子感受到父母对自己有信心,就能从心底产生一种向上的动力,主动做事,提高效率,而这也更容易让孩子做出成绩。

"我相信你可以做得很好!"

"这件事情很不容易,但我想你是有办法解决的。"

"你会想出办法来的。"

"我了解你在这项工作上的投入,我有把握,你可以做得很好。"

"我相信你可以完成。"

案例 27:

七岁的阿哲是个昆虫迷,他制作了关于昆虫的标本,在学校要给同学们做关于昆虫标本制作的话题的演讲。没想到通知一发出,这次活动吸引到了比阿哲大得多的一些孩子。

阿哲有些担心,"妈妈,我怕讲得不好,会让学长学姐们笑话,他们怎么会来听一个二年级小朋友的演讲嘛?"

妈妈告诉阿哲:"儿子,你对昆虫的研究是你的兴趣,你看过很多书籍,到过很多科技馆,也很多次去野外采集昆虫,你所展示的每一个标本都是你亲手采集、亲自制作的。现在,你是把你的乐趣分享给大家,这些经验是大家想听到的,妈妈相信你可以做到。"

案例28:

周末,初二的允儿收到老师的邮件,是一则征文的紧急通知,要求写一篇读后感。近来允儿的文风屡次受到老师的指正,而这次作为市级征文,老师把这么宝贵的机会交给她,她又惊喜又担心。她觉得自己写不好,有点想放弃。爸爸对允儿说:"写文章,每个人的视角和体验都不一样,老师既然把这么宝贵的机会给你,也一定是相信你的,我也相信你会有自己的创意。"

(三)承认努力和进步

孩子的努力和进步总是希望被父母看到,承认他们的努力或进步,孩子的内心情感就能得到满足,做起事情来也会更加富有主动性。

"我看得出你是花了一番心思的。"

"看得出你不断地在努力。"

"你已经有很大的进步了。"

"你也许不觉得自己已经达到目标了,但是你跟之前相比已经跨越了一大步。"

"在……方面,已经改进了很多了。"

案例 29：

花花学习书法已经一个多学期了，虽然她很认真在写，但是和同龄的孩子相比，她写的字还是显得稚嫩了一些，她有点泄气，"为什么我总是写得不如其他同学好呢？"妈妈告诉她："你能写成这样已经很不容易了，你看，跟你刚刚学习书法时的字相比，你已经进步很多，看得出你是在不断地努力。"

（四）强调优点、贡献和欣赏

强调孩子的优点，承认孩子的贡献，表达对孩子的欣赏，孩子就能知道自己的优点是值得夸赞的，自己的贡献是值得肯定的，自己是值得他们欣赏的。之后，他们就会更加发扬自己的优点，努力做更多的贡献。

"谢谢你的帮助，我轻松了很多。"

"你可不可以帮我一下？"

"你替我做的……给我帮了一个大忙，我非常感激你。"

"在这项工作上，我需要你的帮助。"

案例 30：

这两天妈妈的手指划破了，不能沾水。爸爸和彤彤分担了家务活。晚饭后，彤彤就开始洗碗，妈妈走过去说："谢谢你给我分担家务，你把碗洗干净，真是帮了我一个大忙，我非常感谢你。"

运用鼓励的话语，目的是提升孩子的自我价值感，增强自信。要提醒的是，不要在说完鼓励的话语之后再补上一刀，就是加上一个评论，比如说，"你做得很好，继续保持哦""其实你可以做到的，还可以做得更好些""我看你做得很认真，今天的感觉不错吧，希望你以后每次都要这样做"……这些加上去的期待和评论，传达的是你对他的现状还是不满意，你要求他做得更完美。

下表列出了鼓励的技巧。

鼓励的技巧

技巧	情境	无效回应	鼓励的回应
同理心、接纳	孩子打扫卫生时摔破了精美的茶壶	你怎么这么不小心，眼睛不会看吗	没事的，每个人都有不小心犯错的时候，以后要怎样才能避免
	孩子努力练习乒乓球，还是未能进入复赛	加油，再练习，一定要向进入复赛的同学学习	我看到你已经很努力了
关注长处、贡献	孩子认识到自己的错误，并且有改正	你以后应该先想清楚再行动，这样才能避免犯错	你能自己负责任，我为你感到高兴
	孩子平时练习口算基本不出错，但是测试时却发挥失常	这说明你练习还不够多，还需要加强，好好努力吧	你的每一次练习都有进步的，你也很看重每一次的练习，加油
找出积极面，不同角度看问题	国庆假期期间，同学都去旅行，而你们窝在家里，孩子开始埋怨	景区都是人，去了肯定后悔，你看那些出去玩的人，怎么不看看人家在家学习的同学	假期出游的规划得提前做，接下来在家的几天如何过得更有意义呢

续表

技巧	情境	无效回应	鼓励的回应
关注努力、进步	孩子对自己即将参加的舞蹈大赛没有信心	没有信心还怎么上场,每一个成功者,自信是最重要的,不然还是不要参加的好	你对比赛重视,你才会这么紧张,每个参赛的人都是这么过来的
	孩子在学习上很努力,但是这次的期中测试成绩让他很不满意	哎,不要以为你已经很努力了,你的成绩说明一切,其他同学比你更努力	你的数学有很大的进步,已经朝你的目标迈进一步了

第二部分 沟通技巧

第五章　倾听孩子的话

有话好好说，沟通是人与人相处中极其重要的环节，这会促进双方保持良好的关系。听和说组成了沟通的基本要素，很多人听到沟通两个字，都会想到该如何说话，其实说话只是沟通的一部分，更重要的是如何听。试想一下，当你说话时，如果有人愿意用心来倾听你，你一定会很欣慰。为什么我们会喜欢被人用心倾听？因为这表示听的人看重你所说的，也相信你所说的是值得听的。孩子也一样，当你听他说话，会让他感到被看中和有价值。你只有听懂他的话，才能来表达你的情感和想法。而要听懂孩子的信息，先来澄清一个概念，谁才是问题的所有者。

一、辨识问题的归属

当你与孩子遭遇到难题，你首先得考虑一下：谁是问题的归属？问问自己，这究竟是谁的问题？谁有了困难，谁的目的没有达到？戈登博士把问题拥有者作以下定义性说明：如果孩子有问题，意味着他的需要没有得到满足，孩子的行为不会干扰你。

如果孩子能满足自己的需要，但是因为他的行为干扰到你，让你陷入了困境，这就是你的问题。如果孩子能满足自己的需要，他的行为也没有干扰你，那么你们都没有问题。判断出谁是问题的归属，才能决定如何采取行动。问题归属孩子，你可以选择倾听，给孩子独立面对的机会。

案例1：

琪琪五岁了，最近，妈妈傍晚一下班她就缠着妈妈，要妈妈带着她去小区公园玩。她对运动器械十分感兴趣，之前是看着别人玩转盘，现在特别想尝试。琪琪试着站在转盘上，妈妈就马上阻止了，"哎呀，琪琪，这儿太危险了。你还太小了，可不能玩。"琪琪只能在各种器械间穿梭活动，妈妈紧紧地跟在她身后，一百个不放心。

由此你是否发现，这是谁的问题？是妈妈太过担心孩子受伤害，就采取了强硬制止的处理方式，而这让孩子更加好奇。

案例2：

15岁的国栋近来特别在意自己的形象，这或是青春期孩子的共性。近半年来，他的脸上冒出了许多青春痘，可让他苦恼了，每次照镜子，他都会照个半天，也为此垂头丧气。他到学校后，不再像以往一样主动跟同学们去交流，显得特沉默。很多时候，他甚至会想：别人的青春痘都没有他这么厉害，大家是否会用异样的眼光看他。

显而易见，国栋的不合理想法导致他陷入了苦恼，这是归属于孩子的问题。

二、有效倾听者的态度

与孩子建立的沟通方式是以相互尊重为基础的。你们彼此都允许对方真诚表达自己的信念和情感，不必恐惧会被拒绝。换句话说，你不一定同意孩子的想法，但你可以表达你接纳他的感受。

从孩子出生的第一声啼哭开始，你就要开始倾听孩子一生中许多的话语。如果你是善于倾听的父母，那就可以帮助孩子辨别、接纳并了解她的感受，从而帮助她找到处理感觉以及问题的方法。同时，在你倾听反馈中，你的倾听以及表达感觉的方式，可以视为有效倾听。这也是在示范和鼓励孩子成为一个有效的倾听者。

大部分的孩子传达的信息都是简单清楚的，但有时候不仅要专心致志地听语言，也要识别眼神和姿势传达的意思。尤其孩子无法很清楚地用语言来表达他所处的情境时，需要你倾听了解并接受他对情境的感觉。

案例3：

五岁的多多用乐高搭建了一座城堡，铭仔却冲过来，一不小心压垮了多多精心制作的城堡。多多可生气了，大喊着："你怎么回事？"顺势把手中的乐高扔到了地上。妈妈立即赶过来，对着铭仔妈妈和铭仔面露难色，"多多，没事的，城堡坏了就坏了吧，你可以再搭。"

"我刚刚搭好的,要搭很长时间的。"多多委屈地跟妈妈嚷嚷。

"铭仔是小客人哦,他也不是故意的,我们再搭一个好不好,不要生气了……"妈妈的安慰让多多更生气了,"哇"的一声哭了出来。

"这孩子,真是的……"

你来看,妈妈的回应表示她看到多多的城堡被摧毁了,然而多多生气难过的心情,她却一点都不理会。在多多看来,妈妈根本就没有听懂自己在说什么。

三、倾听的阻碍因素

你是否从小接受这样的教导,一个人要控制好自己的情绪,生气、失望、难过、愤怒、惧怕等这些坏情绪都是可怕的,这些情感都是不该表达的。或者你的父母没有明确跟你说过,但是他们就是这么做的,这似乎成了我们潜移默化的生存规则,当你生气时,他们总会告诉你不要生气哦!所以当你成为父母的时候,听到孩子如此表达的时候,不知道该如何来应对,却常常会以下面的几种角色来反应,你来对照一下。

1. 总司令

你就像拥有至高权力的权威者,用命令制止,不允许有消极的情感。

案例 4：

八岁的春春新买了一支自动铅笔，没想到带到学校第一天就被同桌小米弄坏了。春春回家后委屈地哭了，妈妈却说："我早就告诉过你，不要带到学校，你偏不听。现在后悔也没用，不许哭！"春春内心觉得更委屈，使劲忍住眼泪。

2. 道德家

站在道德的制高点评判，不应该有这样的感受或想法，应该拥有正确的想法。

案例 5：

13 岁的李明在课堂上被老师误会点名批评了，他一气之下顶撞了老师。爸爸对李明说："我知道老师批评你可能有误会，但你作为学生就不应该顶撞老师，尊师重道知不知道，你应该向老师道歉。"

3. 万事通

我有丰富的人生经验，我教导你是为了你少走弯路。

案例 6：

12 岁的齐文要组织班级的班队活动课，一时想不出合适的主题曲，就在电脑上搜查资料。爸爸看他查阅良久，仍然没有结果，就说："我不是早就告诉你吗？这种活动应该先设计规划，应该……这是我的经验，你听我的准没有错。"齐文已经选择自动屏蔽爸爸的经验之谈了。

4. 法官

根据你的观察你的推断，从不听孩子的澄清，可以说不经审判就宣布结果。你的兴趣更多是在证明你永远是对的吧。

案例7：

十岁的小茹动手做科学小实验，试了四次都没有成功，她自言自语道："为什么每次到这一步就失败了呢？"爸爸走过来，"我看你这样是不行的，你都没有搞清楚这个实验的步骤，你这样肯定是错的。"其实小茹完全清楚实验的流程，只是在试管加热的时间上还没有做到精准。

5. 批评者

用嘲讽讥笑的方式对孩子说话，极力指出孩子是错的。还以为可以用激将法让孩子接受。

案例8：

九岁的紫宁是个经常粗心犯错的孩子，这次语文测验他又漏了题，所以成绩很不理想。爸爸生气地对紫宁说："我看你脑袋里面装的都是糨糊，再这样下去，老师看到你的卷子都会被气疯的，你还是不要去考试比较好。"紫宁觉得自己好笨啊。

6. 心理学家

用分析问题的方式来做诊断,不断询问,总想探究,不放过任何细节。

案例 9:

11岁的倩倩跟小伙伴发生争执,互不理睬已经两天了,妈妈就主动帮她分析,"你想想人家为什么不愿意跟你说话呢?你的问题是什么?你有没有意识到你在跟别人的交往上是可以有所调整的?……"

7. 安慰者

对于孩子的感情通常会轻描淡写地来处理,假装一切都很好。

案例 10:

15岁的悦悦有一条小狗,已经养了三年多,这次小狗意外出了车祸死掉了。悦悦哭得很伤心,妈妈安慰她:"小狗不在了,不要太伤心了,不要总想这件事了。"在悦悦看来,妈妈对小狗一点感情都没有。

在倾听孩子的话语时,你或许不知不觉就陷入了各种角色当中。你可能很纳闷,当你用以上方法去跟孩子沟通时,谈话往往戛然而止。你这样说并不能引发孩子沟通的意愿,孩子的感受是:你没有听懂我在说什么,我不想跟你说了。虽然你的本心是极善的,但是方法并不妥当。

四、反应式倾听的运用

反应式倾听是指在倾听孩子说话时,让孩子感觉到你完全清楚他已经说的和没有说的是什么,以及背后要表达的情感是什么。你在倾听的同时,给孩子的反馈就像一面镜子,帮助她看到自己和自己的感觉。当一个人情绪激动时,就失去觉知事物的能力,也无法觉察自己情绪。借由反应式倾听,你可以帮助孩子思考,体会孩子的情感,帮助孩子建立一个解决问题的基础态度。

案例 11:

十岁的一诺因为爸爸工作调动转到新的学校。虽然事先了解了新学校的各种情况,但还是难免有些不适应。几周后的一天,一诺回家后气愤地说:"我明天再也不想去那破学校了,我想回原来的学校。"妈妈放下手中的活,走到一诺身边,看着她温和地说:"一诺,对新的学校,你很生气很失望,并且想要放弃是吗?"

反应式倾听,先以孩子的立场体会出他的感受,然后将这种感受说出来,孩子会因此感到被了解和被接纳,就像给孩子提供了一面镜子,让孩子看清楚自己怎么了。给孩子反馈,反应式倾听既是一种态度,也是一种技巧，表示你重视孩子的感觉以及所说的话，对孩子语言及肢体语言背后隐藏的意义是开放的，你愿意去了解他们。

（一）全身心投入地去听

当孩子跟你说话时，你的动作、表情、声调和身体的姿势都传达了你是否在倾听。停下你手头的工作，你的视线给予孩子所有的注意，同时你要观察孩子的表情，是满脸笑容，还是闷闷不乐或一脸沮丧？表情所传达的意义往往比语言表达得更清楚。

案例12：

3岁的果果有一辆玩具车，该吃晚饭了，妈妈和果果一起收拾玩具，他嘴上答应着，但却是噘着嘴，整理玩具也十分拖沓。妈妈说："小果果，你皱着眉，又噘着嘴，看起来好像特别舍不得收拾起来哦。"果果点点头，觉得妈妈知道自己心里想的，露出了开心的笑容。

案例13：

12岁的星星放学回家，进门后一边换鞋一边有气无力地说："我回来了，唉……"妈妈听到星星低沉的声音，看到他脸色凝重，试探着问："你看起来好像很疲惫的样子，挺失落的，要不要跟我谈一谈？"

倾听孩子，是父母的一项重要工作。孩子也有自己的喜怒哀乐，也希望得到他人的理解，更想向他人倾诉，也愿意跟父母交流。随着孩子渐渐长大，父母要减少说教，闭上嘴巴，当个认真的倾听者，鼓励孩子表达，让孩子将心里话讲出来，这也是了解孩子所思所想的好方法。

（二）倾听并确定孩子的感觉

在全身心倾听之后，你问自己两个问题，孩子有什么样的感觉？这感觉是怎么引起的？然后思考找出描述那种感觉的字眼，了解表达感觉的词汇，有助于孩子自我了解及自我接纳。当你准确感知孩子的感觉时，他也学会了如何辨别自己的感觉。以下是描述感觉的词汇供你参考：

反映快乐情感的字词：

被接纳　被欣赏　好多了　有能力的　舒坦　有自信

受尊重　满足的　快乐　了不起　爱　欣慰　骄傲的

放心了　充满感激　愉快　舒服　兴奋　受鼓励　喜欢

反映难过情感的字词：

失望　惧怕　无能为力　觉得自己没价值　不公平　不快乐

不被爱　担心　伤心　能力不足　觉得想放弃　困难

挫折　无聊　被忽略　可悲的　不受重视　愚蠢

生气　着急　憎恨　有愧疚感　受伤　尴尬　挫折

（三）陈述感觉

当你知道孩子是什么感觉，也知道是怎么引起的时，你就可以试着表达了：

"你感觉到（感觉的字词）……是因为（感觉背后隐藏的理由）……"

"你好像觉得……是吗？"

"我好像觉得你……"

"看起来你好像……"

请你不要用太过肯定的语气来回应，你选用的词汇和说话的语气、肢体语言的表达，表示你正在揣测他心里是什么感觉。这样孩子会比较愿意告诉你，你的揣测是对是错。这种方式反映出的感觉，让你的孩子知道，你听到了他所陈述的感觉，以及语言背后的意思。

案例14：

周日下午，5岁的敏芝和丽莎玩过家家，她们已经玩了两个多小时，丽莎要回家了，敏芝还意犹未尽，她抱着丽莎，哭着嚷着，"不要嘛，你不要回家嘛，你陪我继续玩游戏好不好……"按照以往，妈妈会强制抱走敏芝，并且会非常讲理地告诉她游戏时间结束了，丽莎要回家了。这一次，妈妈用反应式倾听的话语说："你很舍不得结束游戏，舍不得丽莎走，你很难过，因为你想有更多的时间和丽莎一起玩，是吗？"妈妈的话让丽莎安静下来，她感觉到她的表达被接受了。

案例15：

暑期过后，即将迎来初三的佳乐抱怨又要上学了，真是太悲催了！妈妈知道每次开学前，佳乐都会经历一段紧张的适应期。不能再对她置之不理了。"你好像对回到学校存在着一定的压力，是吗？"佳乐不悦地回答："我特别烦班主任，他好像每次都针对我一样，你知道吗……"佳乐打开了话匣子，说出曾经与老师之间发生的摩擦。你用反应式倾听，读懂了她语言背后的意思。如果你说"作为学生，读书是你的本分，你不应该有这样的想法……",那么孩子会感觉到不被理解,她的想法和行为是被排斥的,这样她就不会说出发生了什么。你也永远不知道她为什么会这么紧张和沮丧了。

有时孩子说出来的话、传达的情感是复杂的,可能是两种情感,又或者这两种情感是矛盾的,你都可以把你的感觉反映出来。

案例16:

多多:"哎,该怎么办呢?李佳约我去看电影,可是我今天英语词汇背诵还没完成,我不去怕李佳不开心,可我如果去,任务又完不成。"妈妈:"你觉得又困扰又担心,因为你不想让李佳失望,也不想让自己失望,是吗?"

案例17:

11岁的天天跟爸爸商量报名夏令营的事情,天天:"我要去参加夏令营,这次活动可以交到很多好朋友,这对我来说是非常好的机会。可是训练营需要十天,好久啊!不能够见到家人。"爸爸:"天天,听起来你好像感觉很兴奋,很期待,又很犹豫,因为你想结交新朋友,又不舍得跟家人分开是吗?"

以上事例中孩子得到有关他们感觉的信息,他感觉到被理解和被接纳,这是良好沟通的基础。不要过于执着于反应式倾听是否绝对恰到好处,不做完美的父母,只要你诚心诚意感受孩子的感情,即使有所失误,也不要气馁,打破你们以往的交流方式需要一定时间。记住一个原则,练习加耐心就会赢得进步。

五、封闭式反应与开放式反应

倾听的反应有封闭式和开放式两种形式,前者是倾听者未听到说者表达的意思,也不了解其意义,封闭式的反应偏向于切断沟通。相对地,开放式反应所表达的是倾听者也听到另一个人所说的话,并反映了说话者信息,更清楚地表达。封闭式反应不接纳孩子的感受,让孩子感觉到自己的感受是无关紧要的,这会阻碍沟通,孩子不愿告诉你更多内容。开放式反应则知道孩子的感受是什么,显示了接纳和关切,因此孩子也许会决定告诉你更多内容。

案例18:

周末,爸爸出差了,妈妈要上班,不得不把八岁的晓东送到阿姨家,"妈妈,我很不想去阿姨家,那里都没有人陪我玩,我一个人真的很无聊哎。"

封闭式反应:

"妈妈得去上班,让你去阿姨家已经很好了,你应该学会接受,不是每件事情都会如你所愿。"

开放式反应:

"听起来你觉得在那里被忽视了，没有得到你想要的乐趣是吗？"

六、使用反应式倾听的注意事项

要成为一个反应式倾听的父母，请注意以下各点建议：

（一）多练习倾听技巧，并尽可能做出准确的回应

学习一样新技能最佳的方式就是多实践、多演练，沟通更是如此。我们总是无意识地重复着以往的沟通模式。你可能会提出质疑，这样的沟通太累了，可惜没有速成的捷径。你无意识地立即且不经思索的反应，增强了孩子对错误目标的追求，也阻碍了你们之间的合作。因此，请你耐心倾听，停下来思考，再作出反应，这是一个从刻意到自然熟练的过程。

如果你对表达感受的词汇拿捏不准，可以用猜测的形式反应。可是有时你也会碰到自己的反应式倾听是无效或者是不被孩子接受的。他对你的反应，或许会不置可否，或是沉默不语，这都是正常的。接受自己的不完美，你要有心理准备。

案例19：
七岁的小泽因为给小狗喂食，跟奶奶发生了争执，妈妈把他叫到一边。
小泽说："奶奶从来都不相信我。"
妈妈试着用反应式倾听的方式："听上去你对奶奶很失望，是吗？"
小泽："并不是失望，我是生气，非常生气！你也不懂。"

案例 20：

14 岁的文斌参加学校篮球队集训，前几次训练兴致勃勃，可这次要去集训了，他却唉声叹气，"真是的，又要去集训了，好无聊，唉！"

你听出来他是不太愿意去，但又不知道发生了什么。你可以试着问："你好像很无奈，愿意告诉我发生了什么吗？"他或许会跟你敞开心扉，也或许暂时不会说，青春期的孩子有时候就是不按常理出牌，那就继续保持对他的关注和好奇。

（二）不强迫孩子说出他的感受

不要认为你用了反应式倾听，可以让孩子也愿意表达他的感受。新的沟通模式对你和孩子来说都需要练习，那就允许双方都有适应的过程，等他适应了，他才愿意敞开地跟你谈心里的感觉，不能过多追问。无论他是否回应、怎么回应，尊重是首先要做到的，不要勉强，还需要注意的是切不可把反应式倾听变成追问，尤其是面对青少年，当他对生命有另一种看法时，他一般不愿说出自己的感受。

"后来怎样？"

"能告诉我更多吗？"

"你是怎么想的？"

这些问话过多的话，会让人感觉很烦。

案例 21：

每天晚饭后是旻旻练习钢琴的时间，他最近吃饭都很慢，练琴时都要妈妈催促。

此时，妈妈之前都会说"吃快点，练琴时间到了"。

现在妈妈试着用反应式倾听来表达："看上去你对练琴感到心烦是吗？"

旻旻一愣，并没有回答妈妈的话。他在想：妈妈今天好怪呀，怎么不催我呢？

"是不是感觉很烦很累呢？你能告诉妈妈吗？"妈妈继续追问。

旻旻对妈妈的问话觉得好奇怪，但听上去妈妈似乎没有之前那么着急生气，他什么也没说，就坐到了钢琴前，头脑中留着大大的问号。

案例22：

小涵已经高三了，晚自习下课快十点了，妈妈来接他，还给他带了水果。小涵上车后，也不吃水果，耷拉着脑袋，一声不吭的样子。妈妈从后视镜看到他，感觉到他好像心事重重。

妈妈试着问："你看上去好像不太开心，是吗？"

小涵随意应了一声，"嗯。"

妈妈继续问："能告诉我怎么了吗？或许我可以帮你。"

"没什么。"

"你好像不愿意说，是不是感觉有点为难呢？"

"你好烦呀！"小涵的回应打断了彼此的交谈。

孩子长到一定年龄，会有自己的小秘密，这时候千万不要强迫孩子讲述。每个人都有隐私，孩子们也一样，我们要尊重他们的隐私，不窥探，不强迫。

（三）不要过度使用反应式倾听

良好的沟通也需要保持距离，留有一定的缝隙。俗话说物极必反，过度使用反应式倾听就会让孩子觉得你无时无刻不在关注他，这种轰炸式的策略反而会让孩子逃避跟你的沟通。不要对每一次不悦的脸色作出反应，要学会辨识，觉察孩子什么时候是真的需要你的帮助，如果太过关注，有时反而会强化孩子的错误目标。

案例 23：

6 岁的当当很喜欢吃冰激凌，可医生已经明确告知孩子的脾胃虚寒，要尽量少吃冰冷的食物。前几次当当想吃的时候，总会显出一副悲伤难过的样子，并且他注意到妈妈会特别关注他，用反应式倾听的方式跟他沟通，很明显他已经把这种方式作为控制权力的手段。妈妈识破他的伎俩后，给他的回答是："这个问题我们已经讨论过好多次了，你现在不能吃，我相信你可以忍得住度过这段时间的。"

这样，虽然他也会有短暂的不开心，但他终将学习如何收回他的不合理要求，学会自我控制。

案例 24：

14 岁的文文一直抱怨班主任很啰唆，让她感觉压力非常大，妈妈了解了相关情况，也及时耐心地倾听她的心声。可是文文把所有的责任都推给班主任，自己却未曾尝试丝毫的努力与改变。很明显，她近期是因为学业上受阻，就把怒气迁移到了班主任身上。

在博得母亲的关注和同情时，也助长了她的不合理的负面信念，这样下去并不能帮助她解决当下的困难。你可以用温和而坚定的态度告诉她，"你的问题，我帮不了你，非常遗憾，但我相信你可以找到合适有效的方式去提升你的数学成绩。"即使她不乐意听到你这么说，但会让她知道该如何面对她目前的困难，并且尝试去努力争取。

当孩子会利用反应式倾听来控制情绪时，你依然可以用此方式来回应，保持温和坚定的态度："你好像很生我的气，我们这时候不适合交谈，那样会使事情更糟糕，等我们都平静下来了，再好好谈。"他或许为此变得愤怒，但你不要被激怒而卷入权力之战，避免无效的争执和冲突。

（四）反应式倾听适用愉快情感

反应式倾听不仅适合于解决问题，同样也适用于愉悦的情景中，这会促进你们美好的感情交流，"你看上去好开心，你很喜欢这个会场是不是？""这次你得到老师的夸奖，会感到很自豪是吧！"

案例 25：

艾米负责筹划学校的义卖活动，她兴奋地跟父母交谈活动的进程中，父母也及时予以反应式倾听，"你看上去对这次活动的组织筹划很有信心。""你很喜欢你们的筹划小组成员，他们的办事效率很高。""这次活动办得很顺利，你感到很开心是吧？"

你学会了反应式倾听，为良好沟通奠定了基础，通常能及时与孩子互动，耐心听孩子说，同时相信他有自己解决问题的智慧。如果你能帮助他梳理各种利弊关系，则会让他在解决问题中获得更广泛的经验。

第六章 沟通探索与表达

反应式倾听可以帮助孩子"标明"他们混乱的情绪，帮助他认清自己的感受，在被理解被接纳的同时，促使孩子更理性地思考问题。一般情况下，你的有效倾听会让他发现解决问题的途径，但是有时候，孩子对于棘手的问题或屡次困扰的问题，是需要借助成人的智慧来得到帮助的。你的思维经验能帮助他探索多种可能的选择，以及选取对他有意义的解决之道。

值得注意的是，你不要借此传达自己的经验，并期待孩子执行。你的忠告或许能帮助他解决当前面临的困境，却让孩子失去自己解决问题的机会或者更让他学会了依赖，如果你的经验不能帮他解决问题，或是孩子觉得不可行，那么谁又该来承担问题的责任呢？这会激起他的反抗，拒绝执行或带着负面情绪执行与解决问题肯定是不利的。

一、探索多种选择的步骤

探索多种选择,并非变相的忠告和指责,更不是替他解决问题。你给他的经验建议,他并不一定愿意接受,有时反而会以为你的意图是要控制他,何况这也会养成孩子依赖你来给他们答案。

(一)澄清问题

属于孩子的问题,用反应式倾听的技巧使孩子感觉被了解、被接受。澄清要面对的问题,可以用开放式提问。如果你还没有清楚问题,谈话中就反复回到这一步骤,继续澄清,一直到完全明白为止。如果是你的问题,找出一个双方情绪都平和的时机,让他明白,你是有心要和他达成共识,找出解决问题的方法,你若有错就要承认。

案例1:

周末小贝和丽丽看电影回来,一回家,小贝就不吭声,只说吃饭不用等我,随后躲进了自己的房间。等到妈妈进去看小贝的时候,她正在写作业,脸上的表情还是挺沉重。妈妈问:"小贝,你好像有心事,看上去不轻松哦?"小贝摇摇头,紧咬着嘴唇,妈妈感觉她在使劲憋着眼泪。"你感觉到很难过是吗?"小贝落下了眼泪,但还是没有说话。妈妈继续问:"心里很矛盾吧,不知该怎么开口?""是的……"小贝终于开启了话语。

孩子感到难过或出现问题时,引导孩子将心里话说出来,孩子就能找到宣泄的途径，将不良情绪排泄掉。而对于父母来说，这也是了解孩子问题的一个好方法。知道了孩子的问题，就能给孩子提供帮助，为孩子提供建议，协助孩子将问题解决掉。

（二）头脑风暴法

孩子是问题的归属，可以询问他是否想要解决问题，若是遭到拒绝，继续诚心让他了解到他需要帮助的时候你永远都在。如果他有意要解决，就询问他解决的办法，越多越好，不要做任何评价。

如果他的方法可行，就进行到第三个步骤。如果方法不可行，他也想不出更好的方法，你可以借助以下策略刺激他的想象能力：角色互换，用角色互换扮演的方式，你可以扮演孩子的角色，孩子来扮演问题相关人，以你成人的智慧，带领孩子去发现问题，从而让他学习到解决问题的策略，这就是以旁观者视角看待问题。

案例 2：

三岁的妍妍上幼儿园了，刚入园的两周，她还算适应，现在却越来越抗拒了。经过了解之后，爸爸妈妈清楚了，她是在幼儿园里想念爸爸妈妈了。妍妍还太小，想不到也说不清楚用什么好的办法。对于这个阶段孩子来说，角色扮演的游戏互动不失为最佳方式。

爸爸妈妈就跟她角色互换来扮演上幼儿园的场景，还让她扮演最喜欢的哆啦A梦的角色。经过反复的游戏演练，他们提炼出几种方式：爸爸妈妈上班前要跟妍妍抱抱；在小书包里放上一张全家福的合影，如果妍妍在幼儿园想爸爸妈妈，就可以拿出照片，试着跟爸爸妈妈说悄悄话；带上最喜欢的小布偶，中午睡觉时放在枕头旁边，这个布偶是会给她带来勇气和力量的，她可以勇敢地一个人睡觉……当妍妍发现有这么多的办法可以帮她解决问题时，她对上幼儿园是信心满满了。

案例3：

再来看看明仔，他因为不赞同数学老师的做法，从而讨厌数学老师，以至于在数学课上自由散漫。弄清楚问题后，明仔愿意跟父母讨论如何更好地跟数学老师合作，提高数学成绩的问题。

明仔："我把之前落下的功课补一补，不让老师太担心我。"

爸爸："先补上功课，这是一个办法，还有其他办法吗？"

明仔："明天再跟老师请教功课的时候，向她说声对不起。"

爸爸："还能想到其他的吗？"

明仔："想不到了。"

爸爸："如果是你的好朋友阿达遇到了这样的问题，你会给他什么建议呢？"

明仔："或许我还会建议他，课堂上的态度要变得更和善一些……"

俗话说：当局者迷，旁观者清。让孩子以旁观者的身份给问题所有人提出建议，孩子就会脑洞大开。因此，在孩子遇到问题时，给出建议让他参考，同时对他是否愿意采纳应尊重他的选择。

（三）利弊分析选择

等所有的方法提出来以后，就要仔细地逐一评估，多问几遍，"你认为这个方法怎样？""你觉得哪个主意最好？"让他自行选择。

案例 4：

周末，一恒的好友约他出席生日会，这个生日会邀请的都是特别亲密的伙伴。而这就打乱了他原来安排制作电子相册的计划，这又关系到他参加学校电子相册制作的复赛。

一恒把自己的难题跟父母交流，现在他列出了几种方案：一是以比赛为重，跟同学说明情况，不出席生日会；二是以同学友谊为重，参加生日会，把相册制作时间调整；三是参加生日会，但是晚去早回，回来后抓紧时间做。一恒对三种方案进行利弊分析，如果不出席生日会，不仅会让好朋友失望，况且自己也会因缺席而感到遗憾。如果参加生日会，相册的制作肯定会马马虎虎，最多只能完成任务，对于参赛来说实在太草率，如果错失了这么好的机会，也会辜负老师的期望。如果出席生日会，并告诉好友自己的为难之处，好友肯定会理解，友谊的考验不在于是否全程出席的形式，一恒回来后制作相册时间仓促了，时间上做个调整，把素材收集工作放在平常日的业余时间，利用这几天的空余，完全可以把素材收集好，周末再制作，这样既不耽误生日会，也保证了相册制作的质量。一恒觉得轻松了很多。

如果想确定孩子是否完全了解问题以及解决问题的办法，就要继续开放式提问，澄清问题，便于他处理应对以后类似的难题。如果认为他提出的解决问题的方法不可行，可以跟他讨论可能的结果。还可以继续头脑风暴，激发他的智慧。

（四）预估结果与承受

有时候经过利弊选择还是不能得到完美的结果。哪怕结果是可以预见的，还是要把选择的主动权交给孩子。

案例5：

十岁的天宇跟妈妈交流英语作业的书写问题。在这之前，老师又在班级家长群提出了关于书写的问题，现在天宇面临的解决方案如下：一是采纳妈妈的建议，全部擦掉重写。这样会失去半个小时的自由活动时间，但书写的过关率会高一点。二是擦掉部分看上去糟糕的字重写，过关的概率可能会提高，但还是有风险。三是维持原样，不重写，可能会过不了关，明天就得挨老师批评，还要重新写，那样就会占用在学校的活动时间。

经过利弊分析，天宇最后还是选择了第三种方案，妈妈尊重了他的选择，她也相信哪怕第二天会重写，天宇也应该做好了心理准备，这是他的问题，该让他去承担后果，承担后果也是学习的方法。

（五）承诺执行

空想千遍不如实干一遍，这是蠢蠢欲动和雷厉风行之间的区别。孩子找到了解决问题的方法，就要把它落实到行动上。按照时间轴询问的方式犹如一把有力的推手，助推孩子的执行力：

"你打算什么时候开始做这件事?"

"这件事要进行多久?"

"我们什么时候可以再讨论?"

"你打算多久来做一次反馈?"

案例6：

米娜已经与父母讨论完毕科学难题的各种解决方案，现在要开始执行了。

妈妈："你打算什么时候开始呢?"

米娜："就从今晚8：30开始。"

妈妈："很好，那你打算每次学习多久?"

米娜："8：30到9：10，40分钟时间。"

妈妈："哦，一周会安排几次?"

米娜："我打算5次，周一到周五的晚上，这样会更规律。"

妈妈："什么时候你会检验一周的学习效果?"

米娜："每周日的晚上，我会把一周的学习笔记做一次整理。"

妈妈："你打算执行这个计划多久?"

米娜："四个星期，四个星期之后正好是月考，也可以检验我这次的成效如何？如果有效果，我继续按照这个方案执行，如果没有效果，我们再来讨论。"

为了让米娜将行动落到实处，妈妈按照时间轴询问的方式助推孩子，相信孩子一定能按照这样的时间顺利来完成目标。

二、"我讯息"和"你讯息"

在与孩子的沟通中，想要达到预期效果，就要尽可能让你的感情、语义和意愿被孩子了解。你有时会觉得反复唠叨不仅很累，而且孩子还当作耳边风，毫无效果。或者在交流的当下，孩子答应得很好，但事后往往却不能合作。

孩子不愿意听，可能是因为你传达的是"你讯息"，而不是"我讯息"。"你讯息"沟通的方式通常都包含一个"你"字在中间，含有责备、批评的意思。似乎是孩子犯了错，你的话成了语言上的攻击，孩子会感觉到受伤害，是在贬低他的自我价值，这是一种令人难堪的感受，会引起孩子的自卑感，从而激起对你的愤怒。

案例7：

六岁半的陶陶拿着水壶给花圃浇水，由于水壶太重，陶陶拎着晃来晃去，把自己的球鞋也浇湿了。妈妈一看刚穿上的新鞋子湿答答的又得洗，就恼火了。"你又把鞋子弄湿了，你怎么那么淘气呀，我又要洗一次了。"陶陶感觉到是自己做错了，给妈妈添了麻烦。

"你讯息"对青少年也是如此。

案例8：

小米家新买了一个组装鞋架，小米自告奋勇要帮妈妈组装鞋架。可能是没有完全看懂安装说明书，在鞋架没有完全平稳之前，螺丝是不可以一下子拧紧的，只能处于半拧紧的状态。小米在一开始就拧紧了螺丝，所以怎么装鞋架都是不平稳的。

妈妈在一旁就着急了，"你看你，都没有看懂说明书就瞎使劲。你看，现在都拧不出来了吧，鞋架都是不平稳的。"

小米听了以后感觉到自己做错了，心里想，出力不讨好，以后再也不要干这样的活了。

"我讯息"是一种比较有效、比较尊重人的沟通方法，"我讯息"表达了说话者明确的感受，把说话者内心的疑虑表达出来。在"我讯息"中，非语言的因素也是很重要的，"我讯息"要有非论断的态度，如果你还没有平息你的怒气，即使说"我讯息"，孩子感受到的仍然是"你讯息"。

三、怎样表达"我讯息"

在表达你对孩子的行为感觉不高兴时，你是否考虑过是孩子的行为本身让你生气，还是行为的后果影响到了你？

案例9：

艾利的爸爸和他朋友王叔叔在客厅商量周末户外俱乐部的活动计划，艾利时不时拿着小玩偶跑到客厅，并不断地说话。这让爸爸无法投入地参与交流，他感到很生气。可是在王叔叔没有来之前，艾利也是这样在跟爸爸玩。所以艾利行为本身并没有打扰到爸爸，而是行为的后果干扰到爸爸了，如何告诉艾利呢？

"艾利，因为你玩游戏的时候声音太大，所以我没有办法投入地跟叔叔谈话。"爸爸如是说。

"我讯息"的焦点是传达你对孩子某种行为的感受，而不是对他这个人的感受。可以通过以下步骤表达"我讯息"：

1. 描述客观行为

所谓客观行为，就是你看到的客观存在的事实。可以用"当……的时候"来开头。表示你是在他做出某种行为的时候才有这样的感受，只针对他做的某件事，并没有责怪和打击任何人，比如两岁的小朋友把牛奶倒翻在椅子上，妈妈就可以说"当我看到牛奶洒到了椅子上的时候……"

2. 叙述行为的后果及自己的感受

接下来描述你对他这种行为的感受。可用的句式是"我觉得……""我感到……"。

3. 说明原因

重点是让孩子明白,让你觉得不舒服的不是行为而是这个行为对他人和自己所引发的后果,"因为……而……"。

"我讯息"一般包含三个情境因素:行为感受+后果+原因。

比如:

"当我看到你把牛奶洒到椅子上的时候,我很生气,因为我刚刚擦好了家具,现在我又要重擦一遍。"

"当我在商场里找不到你的时候,我很着急也很担心,因为我不知道你在哪里,也不知你发生了什么事情。"

"当我听到奶奶说,你们俩今天大吵了一架,我感到很吃惊,因为你向来是非常尊重奶奶的。这中间发生了什么呢?"

四、与儿童沟通中"我讯息"的运用

(一)友善传达"我讯息"

"我讯息"不仅用来传达不好的感觉,也适用于传达良好的感觉,若在良好互动中使用"我讯息",便成为一种自然而然的沟通方式,那么在解决问题时你也能运用得自如。

案例10：

两岁的当当可以自己玩得很开心，他把积木铺了一地，爸爸下班回家时，看到当当把积木一个一个收拾起来放到玩具箱中。爸爸说："当你自己把玩具收拾起来时，我感到非常开心，因为你学着自己动手整理。"

案例11：

多多拿着玩具小车在小区公园玩，站在一旁的小哲一直看着多多的小车。多多把小车递给小哲，邀请他一起玩。妈妈对他说："我看到你邀请小哲一起玩你的小车，我真开心呀，因为你懂得和别人分享。"

（二）避免怒气和抱怨

在与孩子沟通过程中，避免充满怒气的"我讯息"。愤怒是很多无法表达的负面情绪的积累，失望、难过、苦闷、生气……这些情绪压抑得太久，就会以愤怒的形式表达出来。如果你可以把连接在愤怒上的感觉表达出来，这样就能避免恶意的"我讯息"。

案例12：

俞培跟爸爸妈妈去旅游，正好到一个景点的时候，俞培走岔了口。妈妈担心俞培是不是发生了什么事情。在寻找俞培的过程当中，妈妈从担心、害怕到生气、愤怒。但是她知道，孩子这时候肯定也是害怕得不得了。所以她连接了孩子和自己的感觉,并不表现她的愤怒。看到俞培的时候,妈妈一把孩子抱到怀里,"终于找到你了,我以为发生了什么事情,可把我吓死了。"

用"我讯息"的方式,可以使孩子感受到尊重,显示出当你被孩子的不良行为激怒时,你仍然重视和尊重你的孩子,不以谩骂、责备或威胁的方式处理问题。

(三)保持合理期望

对于年幼的孩子,反应式倾听以及"我讯息",这种沟通方式是指导的工具而非控制的工具。孩子有时候并不能全盘理解和体会你的意思,所以这些沟通方式并不能完全达到我们期望的效果。但如果你在孩子小时候就尝试用这种方式跟他沟通,那么随着他的成长,就会成为你们的沟通模式,帮助你和孩子在一种互相尊重的氛围中去了解并体会彼此的感觉。

案例13:

一周岁多的小雪很享受洗澡的过程。每次洗完澡,要从水中抱出来时小雪就会使劲挣扎。妈妈会说:"我看你很喜欢留在水中的感觉,很喜欢洗澡,是不是不想出来呀?"小雪挣扎着哭闹一番,"可是我们现在要爬起来喽,下次可以继续来玩水。"

现在小雪不能完全明白妈妈的语言,但"我讯息"的沟通方式会让小雪逐渐感知到妈妈对她的理解。

五、与青少年沟通中"我讯息"的运用

（一）保持良好的沟通氛围

与青少年沟通，最尴尬的就是无话可说。其实于青少年而言，听和说的氛围是基于你们良好的关系，这远胜于语言的技巧。如果你的语言文字表达很到位，而语气中透露着愤怒，怎么可能让他相信你没有责怪他呢？敌对防卫的心态，对问题的解决是不利的。

案例14：

妈妈和丽娜今天预约了牙医就诊。因为要搭乘高铁，昨晚妈妈就跟丽娜说准备好身份证，可是早上临出门时，丽娜却满屋子找身份证。妈妈感觉生气到了极点，因为找不到证件就搭不上动车，也错过了牙医的预约，再约下一次要等一个月。妈妈越想越生气，真是一团糟，她很想把心中的怒火发出来，可是这又能怎样呢？结果肯定是引发一场母女的战争。

于是妈妈强忍着怒火说："你没有准备好证件，我觉得很生气，但我更着急，因为这样我们就没法出门，预约的牙医也得取消，你能不能冷静地回想一下，当初是收纳在什么地方？给你五分钟。"

丽娜在寻找身份证的五分钟内，妈妈也冷静地想了想，没有身份证还可以用户口本作为临时之用。

（二）不过度使用"我讯息"

与青少年沟通，"我讯息"是良好的技巧，但也不能是一成不变的。为了运用技巧而运用，如果每次他出现问题都用"我讯息"来处理，会让他反感，甚至是愤怒，适时适度地运用才是最有效的。

案例15：

爸爸："我看到你回来后一声不吭，感觉挺难受，因为家里的气氛怪怪的。"

怡文："我不想说话。"

爸爸："看到你一声不吭的样子，我有点担心。"

怡文（提高了嗓音）："我跟你说了，我现在不想说话。"

爸爸："你生气了吗？这让我不知所措。"

怡文（一脸痛苦）："我好难受，我已经说过了，我现在不想说话，能不能让我安静地待一会儿。"

怡文都快哭了。

虽然我们不知道怡文怎么了，但至少她明确地告诉爸爸，目前没有表达的欲望。而爸爸一再想要打探，虽然他很小心地使用"我讯息"，但这反而激怒了怡文。与青少年的沟通，简单明了地请求也不失为有效的办法。

在良好的沟通氛围中，要选择适当的时机，以尊重非责备的方式通过反应式倾听的表达来表示你了解孩子的感受，同时也表达你的正面感受以及不悦的事情，尽可能地让谈话限于友善地交换意见。

第三部分　养成习惯

第七章　培养孩子的合作能力和责任感

　　孩子长大后会成为大千世界的一分子，他的独立自信、与人友善合作、幸福生活，是作为父母最大的安慰。而最重要的是，孩子在与你的互动中要学会与人合作，合作是指一起来做，是达到某一要求，并非指孩子要听从你的指示。合作的态度和行为并不是与生俱来的，而是长年累月地训练发展而成的。你要运用多种方法协助孩子，让孩子了解合作的真实意义，看清并开始学习与父母、与兄弟姐妹、与他人合作的方法，鼓励正面行为的发生，同时防止发生负面行为。

　　做父母最难之处莫过于对子女的管教训练，很多人把此当作奖惩的同义词，正面行为要奖励，负面行为要处罚，这种奖罚措施对你而言是否很熟悉，因为我们的大多数人都是在这种训练系统中长大的，但这种方法并没有给孩子机会做选择，以及培养其责任感。奖惩会带给孩子这样的后果：我要在你面前表现良好，我没有自己做决定的能力，我把责任交给你，你要为我的行为负责。

　　在孩子年幼时，或者你居于绝对权威，奖惩似乎是一种快速有效的方式。可到了青少年，孩子学会了反抗，你会发现奖惩的方式不仅不奏效，还极大地破坏了你们之间的关系。记住，我们的目标是要培养孩子成为成熟的、独立的、友善的、合作的人，是要让他们学习过一种负责任和有价值的生活。而奖惩带给孩子的后果是：孩子会认为我必须要在你面前表现良好，不然会受到惩罚，而对于惩罚，完全由你说了算，尽管我的内心是反抗的，但我没有能力没有机会做选择，我没有学习到如何有责任有担当，反而当事情的结果不如意时，你是应该要承担责任的。

案例1：

天宇在周一的时候就跟父母约定，周末要去书店买书，因为他喜欢的作家的新书出版了，他可期盼了。

天宇："爸爸，我今天已经写好作业了，晚饭后我们一起去书店，我要买那个……"

爸爸："等等，这个事情先放一放，我问你今天在体育课上是怎么回事？"

天宇："你是说足球队的事情吗？这是我们队内部的事情，我自己会处理。"

爸爸："你们都把足球给踢破了，还对老师不尊敬，不把老师放眼里，你怎么处理？"

天宇："我们自己会商量，踢破的球我们……我们会赔偿，再说老师，他不公平！"

爸爸："我看你是还没有认识到自己错在哪里！"

天宇："我知道自己有错，可老师也有错呀，为什么非要让我认错？"

爸爸："不用说了，今天的书就不用去买了，这个钱还是用来赔足球吧，你好好想清楚。"

天宇："不可理喻，你怎么跟老师一样……"

天宇把门一关，内心愤愤不平。

爸爸也想着：这样做真的会让天宇尊重老师吗？

有一种变通的方法叫作自然而合理的后果，这可以代替传统的奖惩法。合理后果，容许孩子自己从社会规范中学习。你们要尊重彼此，要是后果有效，你们让孩子看得出他自己做错的事跟后果有关联。这方法允许孩子自己做决定，允许孩子学习到事物的自然法则和社会规范，而不是按照他人意愿勉强去执行，让孩子学会为自己的行为负责。

一、合理后果与惩罚的区别

（以下用 A 表示惩罚，用 B 表示合理后果）

（1）惩罚表现个人权威，合理后果表现社会规范，强调尊重彼此的权利。

案例 2：

A 妈妈："敏之，把外套穿上，不然你会感冒受凉，到时候我可是没有时间陪你。"

B 妈妈："敏之，今天降温了，我担心你受凉，你穿上外套吧，当然你也可以感觉一下外面的温度，由你自己选择来决定。"

（2）合理后果和过错相关，而处罚却是独断的。

案例3：

A爸爸："你把花瓶打破了，早就跟你说过，不能在客厅跑，你偏不听，我看这个星期的游戏时间全部取消，你好好去反思。"

B爸爸："小宇，我跟你说过，客厅不是用来追逐奔跑的，现在你把花瓶打破了，你怎么办呢？我想你现在应该负责打扫整理客厅。"

（3）处罚是对人有道德评判，合理后果是对事不对人，不做道德评判。

案例4：

A妈妈："吃饭时不准看电视，你非要看，我不准你看，你居然扔掉遥控器，你这样做的行为就是一个坏小孩，坏小孩就不要吃饭了。"

B妈妈："吃饭时要关电视，你用扔遥控器的方式关掉电视是不可以的，遥控器可以放到合适的地方，你打算怎么做？"

（4）处罚着重在过去的行为，合理后果尊重目前和以后。

案例5：

A妈妈："小宝，妈妈跟你说了多少次，不准偷吃巧克力，你为什么总做不到？我看你就是不当一回事（妈妈越说越激动），从现在开始，所有零食都不准吃了，电影也不用去看了。"

B妈妈："小宝，你偷吃了巧克力，按照我们之前定下的规矩，这一周的巧克力就不能吃喽。"

（5）处罚要求的是服从，合理后果允许孩子自主选择。

案例6：

A妈妈："小米，快把这条裙子穿上，不然你就不能去参加生日宴会。"

B妈妈："小米，参加生日宴会要穿得正式，但你如果实在不想穿，也可以选择穿其他衣服，不过在那样的场合，大家可能会觉得你很怪。"

二、动机与态度对合理后果的影响

当你学会语言上的技巧，不再表露出敌意，你要重新来审视一下你的动机是否真的允许合理后果的发生？如果总担心后果太糟糕，不想让孩子真正去尝试，那么你的态度、表情和动作等非语言的信息依然是充满着愤怒的，传达给孩子的信息是：你犯了错你该受罚。

允许自然合理后果的发生，是给孩子提供选择的机会。是为了鼓励孩子自己做决定，自己负责任，而不是强迫他服从。准许他有选错的自由，他就会从后果中学到教训。

案例7：

四年级的丁丁最近迷上了科幻小说，为了有更多的时间看小说，他对作业的书写草草了事，老师在丁丁的作业本上留言：注意书写！妈妈看到老师的留言，也看到他潦草的书写。

妈妈："老师让你注意书写，而你今天的作业书写还是老样子，你觉得呢？"

丁丁："差不多吧……"

妈妈："如果这样的作业交上去，结果会怎样？"

丁丁："可能会挨批评。"

妈妈："挨批评之后呢？"

丁丁："还有可能会重写。"

妈妈："那你打算怎么办？"

丁丁："哎呀，不说了不说了，有可能我不会这么倒霉的，再说老师也不会这么凶。好啦好啦，大不了重写嘛。"（丁丁已经非常不耐烦了。）

妈妈："好的，这是你自己的选择。"

妈妈学会了用合理后果法，可是心中仍是忐忑不安的。第二天，妈妈看丁丁作业时，果然被老师要求重写了。妈妈暗自庆幸，这回你受到教训了吧。可是令她意外的，丁丁这一次作业依然延续他前几天的做法，快速而潦草地完成。妈妈按捺不住了。

妈妈："你这样的书写跟昨天的相比没有丝毫的进步，如果交上去会怎样？"（妈妈的语气已经有点着急了。）

丁丁："我不会天天这么倒霉吧。"

妈妈沉下脸来，脸上的表情分明写着：你必须重新写，避免重蹈覆辙。丁丁看到妈妈这样的表情，知道妈妈不高兴了，心里纳闷：你不是说让我自己选择吗？为什么现在要强迫我重写？你说的跟你做的根本就不一样，这都是骗人的。妈妈依旧是不依不饶的样子，撂下一句话，"你看着办吧。"

丁丁虽然擦掉重写，但是他心中十分不平，也没有学习到如何选择并承担合理后果的经验。第二天的作业虽然没有重新写，但丁丁始终在想：我昨天的作业或许能过关吧，要不是妈妈，我就不用再重写了。

设想一下，假如妈妈仍然是尊重他的选择，丁丁的作业可能会重写，或许再重复这样的错误几次，那给丁丁带来的会是什么呢？他会考量老师对自己书写水平的正确评估，会重视并正确对待自己的书写作业，这不正是他要学会的吗？由此我们也可以看出来，合理后果法的另一个重要因素是时间，除非情况紧急或孩子的错误干扰到他人，否则给他时间，让他冷静处理。

三、合理后果法的基本原理

运用合理后果的方法，可以参照以下基本原理。

（一）确定问题的归属

如果问题是孩子的，自然后果就会产生。只要后果没有伤害性，你大可不必干预。比如吃饭时间到了，孩子因为不想停止玩游戏，他就错过了吃饭，自然后果就是得饿肚子。而如果问题归属于你，那么合理的后果就是可行的。

案例8：

这周日该轮到成成在家负责打扫卫生。可是等妈妈下班回来，成成并没有打扫。按照约定，成成要承担事情的合理后果。成成试图去解释，他没有打扫是因为这一周作业太多，而且下午有同学突然造访，打乱了他的计划，但是他并没有忘记这份工作。

妈妈跟他说："很遗憾，你虽然记得这回事，但事实上你并未完成。你要承担的后果是我们之前约定的，我不再负责你这个星期的衣服清洗，而是要由自己来清洗。当然你还可以选择现在打扫卫生，但是显然，时间上是个问题，这样你就得放弃晚上的电影时间。"

（二）确定孩子不良行为的目标

不论他心里有什么目标，你不必介入，后果会自然发生，而你要使用合理后果法，就要确定不良行为的目标是什么。合理后果是让孩子亲身体验规则和约定，对于想要引起特别关注的孩子是非常有效的。

如果父母与孩子的矛盾已经很深，有权力之争或者报复行为的孩子，会把合理后果的处理方式当作父母对他强制的处罚。所以在运用这个方法前，父母必须先学会尊重与鼓励孩子，改善与孩子的关系，才能采取行动来处理你们之间的冲突。

案例9：

五岁的叮当在父母面前会模仿各种搞笑动作和声音来寻求关注。以至于有一天，父母带她去剧院，刚进入剧场，她又开始搞怪了。妈妈跟她说："这是剧场，我们都要保持安静，如果你搞怪吵闹，我们就离开剧场。"叮当答应了，可是只保持了一段时间，又开始搞怪了。妈妈果断把她带离了剧场。

叮当要学习的是在不同场合遵守不同的规则。同时给父母的提醒是，平时要给予叮当更多的关注。

案例10：

雨泽每次打电子游戏总不遵守规则，虽然约定了游戏时间，但是他每次到时间了，爸爸要收回手机，他就开始哭闹，"你们都是坏蛋，坏爸爸，为什么人家爸爸允许，就你不允许。"

以往爸爸跟他争论的焦点往往变成了怎样才是好爸爸的话题，最后的结果，爸爸都会妥协。这次爸爸打算使用合理后果法，不与他争论，而是悄悄退出，走出了家门。

雨泽失去了跟他对峙的角色。但是爸爸可能接下来要面对这样的状况：雨泽会发脾气，或者是对爸爸比较冷漠。这也是对爸爸的提醒，建议雨泽的爸爸在平时还是要多倾听鼓励，与雨泽建立良好的亲子关系。

案例11：

一诺已经连续三周英语不过关了，妈妈被老师请到学校，回来后开启苦口婆心的说教模式。而一诺则是一副我不在乎的样子，原来这段时间一诺跟父母频繁闹矛盾，所以当父母意识到一诺对学习的懈怠是对他们的报复行为时，就采用合理后果法，让他学会自我选择并承担责任。父母要做的是不去理会他的学习，而是积极改善亲子关系。

合理后果法在对自暴自弃的孩子来说并不适用，因为对于自暴自弃的孩子来说，合理后果会让他认为你也对他采取了放弃的态度。恰当忽视不良行为，捕捉他行为中的闪光点，给予适当的鼓励，让他感受到父母对他没有放弃，关注他点滴的进步和努力，欣赏他的长处，目的是帮助他重新建立起自信。

（三）不要以完美父母要求自己

"完美"的父母总是过分保护孩子，看不得孩子犯错，这样你的内心就会滋生出诸多怜悯和愧疚。怜悯传达给孩子的是无能感——我是有缺点的，我处理不了问题，我需要父母的帮助，我是软弱的。这一切于解决问题都没有帮助。

案例 12：

12 岁的慧慧早上总爱赖床，磨磨蹭蹭，好几次都影响了妈妈上班。这次通过家庭会议，她们约定，早上妈妈最多只叫两次起床，如果慧慧不能按时起床，错过送她上学的时间，妈妈将不再送她，让慧慧独自去上学。按照约定，第一周执行得很好，可第二周的周一慧慧又开始赖床了。

妈妈按照约定就独自去上班，并在留言板上留下了纸条。慧慧匆忙起来都来不及吃早点一路上小跑赶公交车。进到教室时已经迟到了五分钟，迟到自然免不了老师的批评，慧慧很沮丧，而且由于没有吃早饭，整个上午都在饥肠辘辘地煎熬。

妈妈很心疼慧慧，背地里也跟老师打听慧慧上午在校的情况。同事都说妈妈的心太狠了，妈妈还担心这件事情被外婆知道，肯定要被批评。但她知道，这是让慧慧学会承担责任的必经途径，如果她心生怜悯，必然会导致慧慧赖床行为的继续，同时她知道慧慧可能会向外婆告状诉苦，她也将面对外婆的质疑。

（四）不过度在乎他人的看法

很多人犹豫不决，不知是否该让孩子接受合理后果，究其原因，有些是因为太过在乎别人的看法。你如果容易受到他人感觉的影响，若是身边人的质疑合理后果时，你是否也会觉得面子上挂不住。为孩子所做的每件事情负责是不可取的，你不可能为孩子的所有行为负责。

案例13：

三岁多的甜甜吃饭前总不愿意收拾玩具，她更想一边玩一边吃饭，以前外婆会端着饭来喂她。家庭会议上确立了规矩，要么准点吃饭，要么饿肚子。又到晚饭时间，甜甜跟以往一样，还是玩着玩具，妈妈按照约定，最多叫过两次，她还是不愿意收拾起玩具。

大家吃完饭就把饭菜收拾起来了，等到甜甜想要吃饭的时候，发现已经没有了。她只能饿肚子。甜甜一边哭一边向外婆求助，外婆看着很心疼,但又不好当着孩子的面说,外婆觉得妈妈这样做有点狠心,商量能不能破例。妈妈告诉外婆,这是约定,同时也提醒外婆不准给孩子吃零食。妈妈知道,只有这样,孩子才能成为独立的个体。

(五)给他选择的机会,拒绝斗争或让步

当你们做好约定之后,允许孩子决定要如何反应,给他几个变通的选择,让他学习做决定的能力。但是要记住,你既然给了他这些选择,他所选的无论是什么都不能算是错的,你一定要接受他所做的决定,并愿意接受他的决定。在跟孩子有冲突时,你不必要赢,因为这不是在比赛,你的目标是帮助孩子对自己的行为负责。

案例14:

星期六,米娜要去剧院观看木偶剧,跟小雨约定晚上6点,小雨爸爸会来接她。爸爸告诉米娜,周六的下午她需要完成这些事情:给小狗整理小窝,完成日常家务,只要做完就可以去了。米娜同意了。

但是到了周六,整个下午的时间都被她白白浪费了,她并没有去完成她的工作。所以到了晚上临出发的时间,她跟妈妈说该穿哪一套衣服的时候,爸爸告诉她:"对不起,米娜,你这次不能去看木偶剧了,因为你的工作还没有完成。"

米娜非常惊讶,"这些事情我可以回来再做。"

爸爸说:"我们的约定是,你做完这些事情才可以去,不是吗?"

米娜急哭了,"可我很想看那个木偶剧,求求你,让我去吧。"

米娜的爸爸没有跟她争论,而是走到客厅,给小雨家打了电话,告诉他们,米娜不能去看了。米娜爸爸这样做,既没有争论也没有做让步。他让孩子自己决定如何来面对这样的约定。

(六)鼓励孩子独立

独立的孩子将来能更好地适应社会,在社会上立足,过上负责任、快乐的人生。独立可以帮孩子建立自信心,他会越来越感觉到有充分的能力。不包办、不替代是锻炼孩子能力的最佳方式。给他机会担当,让他学会负责任。

案例 15:

刚入初中的允允一家和同学们几户人家相约去户外烧烤,允允父母和其他几位家长一起商量,这次多给孩子们独立担当的机会。到了目的地,准备架炉子生火,允允和同学们一起动手,但是找来的木柴太潮湿,只冒烟不见火。

他们承诺过不要家长帮忙,一定要自己动手做,呛得眼泪都出来了,他们仍没放弃。爸爸妈妈就在一旁耐心等待,不断鼓励:"相信你们一定能找到办法的。"

他们根据风向调整了炉子的位置,又去附近农家借柴火、报纸和蜡烛,经过一个多小时的折腾,火终于生好了。允允和同学们都已经满头大汗,满脸灰尘。不过在看到火熊熊燃烧时,他们开心得不得了,而这个后果就是,他们要等很久才能吃到烧烤。

（七）言行一致，温和而简单的态度

言行一致是合理后果的最佳示范，温和而坚定的态度表现是极其重要的。

案例 16：

一倩跟妈妈一起逛儿童商城，按照出门前约定，此次只买一个芭比娃娃。

一倩很快买好了芭比，她们从三楼又逛到二楼，妈妈看了看手表说："时间差不多了，我们该回去了。"

一倩提出来："妈妈再逛一会儿吧，我还想要那个紫色的芭比，你不觉得她很漂亮吗？她跟我拥有的其他芭比都不一样，她是最最独特的……"一倩一下子说了关于芭比的好多特点。

"按照约定，我们只买一个。"妈妈微笑着，看着一倩缓缓地说。

一倩嘟着嘴，"不，这个真的不一样，它太特别了，我觉得它就是我的。"

按照以往妈妈会跟她解释芭比每次都会出新款，你已经有很多了。但是她知道贯彻合理后果的时候，不需要解释太多，所以她继续温和地重复："按照约定我们只买一个。"

一倩试图通过发脾气再来激怒妈妈，而且她知道今天发脾气，回去之后要承担一个后果，取消一周的自由活动时间。但是她还是想试一试，妈妈是否会妥协？

一倩在商场里面哭闹起来，妈妈轻轻地抱住一倩，告诉她："我知道你现在很生气、很伤心,但是我们的约定是只买一个。你现在想哭,你觉得哭出来舒服,你就哭吧,妈妈就在旁边陪着你。"

一倩一边哭一边试图去打妈妈,而且不时地看看周围的人,妈妈好像并没有去关注到周围的人,只是把注意力完全关注到一倩身上。一倩发觉妈妈和以往不同,以前她在公共场合一发脾气,妈妈会看看左右的人,然后就答应她的要求。闹了一会儿,一倩发现妈妈根本不为所动,心想,这次妈妈是真的说到做到的。

想要贯彻合理后果,父母需要有温和的语言和坚定贯彻行动的态度。坚定并非严厉或苛刻。严厉是针对孩子本身,却意味着操纵;而坚定是针对其行为和感受,意味着你的决心和态度。初次或前几次运用合理后果,多数都不会那么顺利,要允许孩子做出沮丧或愤怒的反应,并愿意做好准备,承担一切反应带来的后果。你的目标是帮助孩子对自己的行为负责。

四、应用合理后果法处理问题的基本步骤

(一)选择并为结果负责

在利用合理后果法时,提供选择是必要的。让孩子自己选择,你的态度、语气、声调要反映出对孩子的尊重、接纳和温和的善意,接受孩子的决定,不施加压力。

案例17：

子涵喜欢踢足球，每次把球衣球鞋都弄脏。妈妈跟他约定，以后踢球回来的鞋子和衣服都得自己清洗。

这次出门前，妈妈说："去踢球可以哦，回来得自己洗衣服。"

子涵坚定地点点头："知道了，我会自己完成。"

案例18：

皮皮又想吃巧克力，试着打开糖果盒，妈妈提醒他："皮皮，你今天已经吃过巧克力了，现在如果再吃，我会把糖果盒收起来，你自己决定。"

案例19：

海涛二年级了，开学第一周，妈妈就跟他说："从今天开始，你的书包整理要由你自己动手了，我们经过一个星期训练了，我相信你可以的，如果东西落下了，我将不再给你送了，这是整理记录的清单，你可以对照贴在记录本上……"这样就要求海涛要自己承担责任。

（二）就事论事独立执行

当你给了孩子选择的机会，孩子大多是抱着侥幸心理，想要试探你的决定是否是真的坚持。坚持按照约定来执行，并保持就事论事的态度，让其独立执行是非常重要的。

案例 20：

暑假开始，妈妈发现佳莹每次刷牙都会朝镜子喷水，她可能觉得很有趣、很好玩吧。妈妈多次提醒，她都会点头答应，但是每次又会重复这样的行为。经过协商约定，刷牙时如果她还继续喷水，就需要负责擦干净镜子。早上，佳莹还是如往常一样边刷牙边喷水，妈妈过来递给她一块抹布，"我看你还是决定要做镜子的清理工作，当然如果你不喷水了，随时可以停止。"

案例 21：

陈晨想跟爸爸一起去公园跑步，但每次到了约定时间，陈晨总是还没有收拾好，经过商量，他们约定了最晚出发时间。前两天陈晨都能如约遵守时间出门，第三天到了出发时间，他仍在磨磨蹭蹭，爸爸说："我们约定时间已经到了，我看你还没收拾好，所以我想你已经决定今天不再出门了，或许等明天再出去哦。"

（三）等待时机

如果孩子的不良行为重复发生，你看到他为此付出了努力，但也说明他还没有准备好去承担责任，你要给孩子充足的时间，等待良好的时机。

案例 22：

小叶跟爸爸玩搭积木，玩着玩着她就爬到了爸爸身上，爬来爬去让爸爸很不舒服。父女俩为此总玩得不欢而散。小叶又会很快跟爸爸道歉，想要爸爸再陪她玩。爸爸跟她约定，如果小叶再这么做，他们将停止游戏。小叶依然如故，爸爸跟她说："我看到你仍然没法安静下来跟我玩游戏，所以我只能暂时离开，明天你可以再来选择好好玩，或者是停止游戏。"你可以给孩子再次尝试的机会，同时坚定地遵守你们的约定。

如果你在运用合理后果的处理方式上遇到阻碍，你要检视自我的原则是否清晰，你的态度是否友好而尊重，后果处理是否合理。

五、应用后果法的注意事项

合理后果法是教导孩子学习负责任的过程，然而在面对不同年龄阶段的孩子时，又分别需要注意什么，该如何恰当应对呢？

（一）婴儿期

婴儿期的孩子，拥有着原始的好奇心，他们是通过自己的视、听、嗅、味、触的感官来探索这个世界的。以我为中心，不懂他人的需求和权利，没有规则，没有常识，也没有界限，是他们的特点。所以不要期望婴儿能与你有良好的合作，可是婴儿期却是培养良好合作的最佳时机。

案例23：

妈妈给九个月大的贝贝换尿片，一边换一边跟贝贝说："小屁屁不舒服了吧，妈妈给你换哦。我们先擦擦小屁屁，稍微有一点湿，有一点凉，不过妈妈的动作会轻轻的。你很安静,没有动来动去,是对妈妈最好的配合,妈妈要谢谢贝贝。换好尿片后,小屁屁就干爽了,你会觉得很舒服。"

妈妈这样说的时候,贝贝特别安静乖巧。但你不要期待婴儿每次都能合作,或许他会动个不停,会吵闹。你在这个过程中与他的互动是教导他合作的第一步,是在给孩子设定界限,这也是给孩子以安全感。如果这时孩子哭闹或动个不停,妈妈可以对他说:"我知道你现在很不舒服,想要妈妈快一点,你的小腿蹬着妈妈的肚子了,但你不是故意的,妈妈需要你的配合。"

案例 24:

一周岁的点点已经可以快速地爬行。一不留神,他会快速爬到墙角的电子灭蚊灯前,试图把小手伸过去。爸爸看到了,拿起手边的小熊,学着小熊的声音呼叫点点。

点点看小熊在叫,"你快来我这边哦",点点快速地爬了过来。可玩了一会儿,一不留神他又飞快地爬过去,爸爸走过去抱起了点点,把他带到了另一个房间。

对于婴儿,分散注意力,用行动代替语言的方式,可以避免孩子的不合作行为。

案例 25:

六个月大的格格总要去抓爸爸的眼镜,动作之快让爸爸措手不及。这是很多"眼镜爸妈"都会经历的一幕。

爸爸要让格格学习合作,让他手中握其他物品,或者用手指着其他事物，以分散格格的注意力，可过一会儿格格又开始抓了，爸爸只好在抱格格的时候摘掉眼镜。

（二）幼儿期

幼儿通过探索能够发现自己的行为造成的后果，也知道如何引发父母的注意，无论他在做什么，他的眼光都会确认你是否有关注他。幼儿的合作观念是简单而肤浅的，才会表现出不合作的行为，每个孩子都有一个天生恶作剧的小心思，当幼儿想要独立寻求自尊感时，反抗不合作行为也就开始了。这是孩子从婴儿过渡到幼儿阶段的必然现象，应引导幼儿朝向正面的活动，建立独立及自尊培养合作行为。

案例 26：

三岁的小栋一家迎来了弟弟的出生，小栋成了哥哥。尽管爸爸妈妈给予了小栋诸多的关注，也预想到小栋会有失落感，但没想到的是弟弟三个月时，小栋在独自面对弟弟的时候，他就用小手去捏弟弟的小脸，眼神中流露出极大的委屈和愤怒。妈妈看到了对小栋说："我看你在捏弟弟的小脸，他喜欢哥哥轻轻地抚摸他的小脸蛋，就像妈妈抚摸你的小脸一样。"

对幼儿期孩子的不合作行为，还可以选择适当的忽视。微小的、不具破坏性和危险性的骚扰行为，你可以忽视。并不是只保持沉默，你的表情、肢体动作等非语言行为也要给予孩子传达真正的忽视。

（三）学前儿童

儿童期比幼儿阶段更能预测自己的行为造成的后果，同时也能达到某种程度的自我控制，你的行动、言语对其影响日益加深，这个阶段的孩子是有能力改变自己的行为，避免不良后果发生的。儿童期的孩子开始懂得规则，也意识到你在教导他们的做事行为，而知道并不代表他们能做到。他们以自我为中心，自己的需求及愿望仍是摆在第一位的。让儿童期的孩子承担合理后果时，可以就他已经明确的规则入手。

案例 27：

四岁的星星已经上幼儿园中班了，虽然在幼儿园适应情况良好，可每天临睡前，他总会跟妈妈哭诉一番："幼儿园一点都不好，每天要睡午觉，别人要跟我抢积木……"妈妈一听星星这么说，会特别紧张。

妈妈试图去了解他在幼儿园遇到的所有让他感到不开心的事。可是这样的交流一点进展都没有，无论妈妈怎么说，他最后都会以哭泣而告终。用妈妈的话说，这孩子道理都懂，就是爱哭。

后来，妈妈采用忽视的方式，当星星说幼儿园不好的时候，妈妈不接话，只是抱着他，任由他自言自语，哭一会儿，或者岔开话题，慢慢地，星星哭的时间就越来越短了。

等他哭完了以后，妈妈会问他："幼儿园里有没有什么有趣的事情发生？"逐渐地，星星就会说，在幼儿园认识了哪个小朋友。过了一阵子，星星再也不哭闹了。

在忽视孩子行为本身的同时，依然对孩子是持续关注的，尤其是当孩子出现正面行为时，要及时地捕捉并给予鼓励。

第八章 自然而合理的后果应用

案例一：早上的拖拉

九岁的小泽不时地在早晨会跟妈妈上演猫捉老鼠的游戏，小泽有个两岁的弟弟。每天早上，妈妈一边要做早餐，一边还要照顾两岁的宝宝，同时喊小泽起床。有时小泽动作麻利，独立完成洗漱，有时却边刷牙边在镜子前蹦来跳去扮各种鬼脸。妈妈看到他这么磨叽，就忍不住要说："小泽，你刷牙认真点儿，时间要来不及了……"听到妈妈这么说，小泽自然是很不开心，吃饭、收拾都是慢吞吞的，还一副很不情愿的样子。妈妈可着急了，吃饭也催，整理物品也催，穿鞋子也催！小泽很不耐烦，"知道了，真啰唆。"在妈妈的不断催促中匆匆赶往学校，一路上，母子俩都是很不愉快的。这样的情况时而发生，让妈妈很恼火。

妈妈可以根据实际情况，制定最晚出门时间，并以此倒推吃饭、洗漱、起床等事项的完成时间，前期可把这几个时间点告知小泽，以作提醒，逐渐地让小泽学会自己看时间。

如果临出门，小泽还没有完成所有事项。比如还没吃好早餐，意味着他将错过出门时间，可以有两种选择：一是不吃早餐，承受肚子饥饿的自然后果；二是吃完早餐，但将承受上学迟到的自然后果。这两种后果要在制定规则时提前告知小泽，并让他选择。妈妈需要注意的是，在小泽出现磨叽拖拉行为的时候，不要急着唠叨，让他自己去适应时间的有效性。如果你把早上拖拉迟到行为揽到自己身上，他就无法学习承担责任，而是会把责任推脱给你，让他从自己的行为经验中学习如何安排时间才会真正摆脱拖拉。

案例二：关于整理

典典已经十岁了，是个大大咧咧的女孩，让家人最头疼的就是她的房间，简直乱得不堪入目。她常常在妈妈的唠叨下心血来潮，整理收拾干净房间，然而三天以后就面目全非了，找不到衣服、袜子、书本等事常有发生。虽然跟家人约定，要保持房间的整洁干净，但好景不长，妈妈以往的做法是实在看不下去了就一边唠叨一边帮忙整理，也正是如此，典典才没有机会真正地学会整理房间。

整理自己的房间不仅可以让典典学会整理技能，还可以学习责任感，对家里有贡献。这既然成为一项必须完成的任务，就必然要有承担后果，就像作为家长如果没有完成家务活，你肯定会用吃饭、娱乐的时间来完成必须要做的任务，对孩子也是如此。可以让他放弃喜欢的某项活动时间来做整理，这是对其合理后果的处理办法。家庭中的每个成员彼此分工合作，既是责任也是担当。尊重孩子的父母不必为此唠叨，也不必替代包办。如果多个孩子，更可以让每个孩子分担不同任务，让他们互相合作，互相负责。

案例三：忘带书本物品

阳阳已经三年级了，上学经常忘带学习用品，每次他会给妈妈打电话，让妈妈把落下的物品送到学校，这常常打乱了妈妈的工作。为此，妈妈反复唠叨提醒，但是却毫无效果。妈妈决定不再管他了，跟他约定好不会再送东西去学校。

这天，阳阳又落了东西，他打电话向妈妈求助："妈妈，我忘记带英语课本了，我想书本就放在客厅的茶几上，你能不能给我送过来……"妈妈打断了他的话，"不好意思，我们约定了，你如果忘带学习用品，我不再送了，看来你只能自己解决了，我很抱歉帮不了你。"阳阳听到妈妈这么坚定的回答，知道妈妈真的不再送了。他着急地四处向同学借，幸好他与同学关系还好，在英语课前他从隔壁班同学处借到了书。阳阳心想，还好，躲过了一劫，可得好好长记性了。果然接下来很长一段时间，他都带齐了物品。好景不长，两个星期后，他又忘带学习用品了，这次他没那么幸运借到，自然受到了老师的批评。在全班同学面前挨批的感觉真不好受，可这是他必须承担的后果，对于父母来说，眼睁睁地看着阳阳挨批不插手是挺不容易的。但你分辨清楚问题是属于谁的，就能真的放手，让孩子自己去做决定是否该承担责任，否则只是让他养成了依赖性。

案例四：偏食挑食

轩轩是个特别挑食的孩子，最不喜欢吃绿色蔬菜。爸爸妈妈为此费尽心思，每次都变着法子做菜，恨不得把所有的绿色蔬菜都摆到轩轩的面前，他们使用各种办法，好言相劝让他尝一尝，轩轩就是不吃。爸爸妈妈的唠叨，使得轩轩越来越反感，甚至讨厌坐在饭桌上。

对于一个不想吃的食物，就不要刻意把菜放到他面前，更不要强迫他品尝。家人可以很自然地把菜端上桌，由轩轩自己来选择，同时对他喜欢吃的菜也要适量分配，不能一股脑儿独占了。得让他明白，这份他喜欢吃的菜当中也有爸爸妈妈的份，而不是因为他喜欢吃就可以独享。同时不要因为他吃得少而延长吃饭时间。照常收拾餐桌，并让他明白，只有等到下一餐开饭时，才会有食物可以吃，两餐之间也不提供任何零食。吃饭是每个人本能的生理反应，喜欢吃或不喜欢吃某样食物都是正常的。

每个人都有选择的权利，不要强迫其接受，那样只会适得其反。你还不如照常吃得开开心心，偶尔分享食物的味道，激起他品尝这个食物的好奇心。还有些父母，因为孩子挑食，专门做他喜欢吃的食物，让他有种优越感和特权，这样一来，他就更少有机会去品尝其他食物了。

案例五：衣服搭配

8岁的米娜内心有一个公主梦，最喜欢白色的迪士尼纱裙，或者是白色系的衣服。而妈妈偏爱靓丽的颜色，经常给米娜紫色、亮黄色的衣服，这让米娜非常讨厌。现在妈妈知道该尊重米娜的选择，在衣服的选择购买上，都是听取米娜的建议。可这次要和同伴去户外野餐，妈妈建议穿长裤套装，米娜执意要穿上迪士尼的公主裙。

米娜穿着公主裙去野餐，一到了目的地，她就发现同伴们都穿着运动服。大家一起劳动时，米娜发现自己的裙子非常碍手碍脚，蹲下去就得提着裙子。

一起玩的时候，人家可以飞快地蹦来跳去，她得提着裙子，小心翼翼地走路，一点都不利索。午餐后，小伙伴们疯狂地追逐玩耍，米娜知道自己的裙子不适合奔跑活动，只能安静地坐在垫子上，心里十分沮丧。

这次活动回来，妈妈先安抚了米娜的情绪，她想等到合适的时间跟米娜讨论什么场合要穿什么款式的衣服。

案例六：刷牙

玉儿喜欢吃甜食，尤其是巧克力，可是她又很讨厌刷牙，即便是刷牙，也是匆匆忙忙应付一下，所以牙齿已经有了明显的色素沉淀。

妈妈带着玉儿去做牙齿的日常护理，医生看到玉儿的牙齿，边做清洁边告诉她，有两个方案可以避免这种情况的发生。第一，以后不能再吃巧克力了，不然牙齿色素沉淀还会加重。第二，可以少量吃，但是必须认真刷牙，如果妈妈发现玉儿随便应付，就可以收走所有的巧克力。玉儿选择第二种方案，回家后也认真刷牙，但坚持总是那么难。

执行了两个星期，玉儿开始偶尔不刷牙，她想妈妈不会发现吧，可这还是逃不过妈妈的眼睛。妈妈果断收走了所有的巧克力和糖果，任凭玉儿不开心闹别扭，妈妈一再告诉她，等你学会了认真刷牙，做好牙齿清洁了才可以吃。玉儿不得不乖乖地刷牙。

其实，在个人卫生的其他方面也是如此。可以设置合理的后果供他选择，并按照规定来执行。

案例七：承担家务活

根据家庭会议的商量，刚升入初中的一瑄和刚上小学的妹妹一云被重新分配了家务活。一瑄每周一次负责院子里花草的修剪整理，而一云负责每日的垃圾倾倒。一瑄对于花草修剪的任务心不在焉，爸爸已经看到部分花都开始干枯了。

爸爸跟一瑄就花草修剪一事做了一次友情提醒，但是并未跟以往一样教她该怎么去做。过了两周后，果然有几盆花干枯落叶了，爸爸对一瑄说，根据约定，她要拿出自己的零花钱来做赔偿，重新购买盆栽填补空缺的花架，这也让一瑄清楚接下来该如何做好这份家务工作，负起应有的责任。

案例八：做作业

小方在小学三年级以前，他对待各科作业的态度是因老师而区别对待的。语文老师对书写要求高，数学老师只关注作业的正确率。语文作业的书写认真程度和数学作业的潦草真不像同一个人写出来的。妈妈看着潦草的数学作业，总会要求他重写，小方为了不听妈妈的唠叨，会遵从妈妈的意见，但心里是很不痛快的。

首先作为父母，要明确的一点是，作业是孩子的问题，作业的质量是老师评估的，而不是由你来评估作业要怎么写，要不要重写。当你明确问题的归属后，你就不会这么着急了。进入三年级后，换了一位严厉的数学老师，妈妈也调整了自己的方式。无论小方的作业质量如何，她都不再过多干预小方的作业书写。

老师又指出来他的书写问题，他依然抱着侥幸心理，没过几天，果然被老师要求重写了。他在家里重写作业的时候，有点不好意思地遮遮掩掩。接下来的日子，他还是会尝试潦草地去写，但连续几次碰壁，小方开始按老师的要求对待每一项作业了。

案例九：发脾气

小敏近期总爱发脾气，因为她从这样的方式中得到了很多好处，想多吃一块美味蛋糕，想要买芭比娃娃，想再看一集动漫……妈妈每次看她发脾气，心里很恼火，但又束手无策，为了快速平息事态，只能任由小敏的要求达成。妈妈心想着，但愿这是最后一次，可是下次小敏还是会变本加厉。

当小敏发脾气时，父母如果用发怒去遏制，可能会暂时制止小敏的脾气，但最终还是会引起她的反抗，变成争论或是争吵。

你的适时抽离会阻止她的不良行为，这其实也发挥了合理后果的效果，"你这样无理取闹，我不愿跟你交流"。等小敏情绪缓和下来，妈妈就要跟她谈谈关于发脾气的话题。承认小敏的感受，同时也表达自己的感受,"我知道你很生气,但是你这样发脾气的方式让我也很生气,感受到不被尊重,你有权利生气,但不能用这种方式对我。"

案例十:手足之间的争吵

姐姐暖暖和妹妹心语相差了三岁,这姐妹俩每天在家里是一刻都不消停,都在喊着不公平,其实妈妈对她俩已经做到了极力公平,但她们还是会争执。而且都会向妈妈告状,让妈妈来主持公道。妈妈的疏导劝架、公平的处置不仅不能平息事态,她俩还都气呼呼地觉得自己受了委屈。妈妈始终坚信,争吵的双方都是有问题的。俗话说,一个巴掌拍不响,所以各挨五十大板,每个人都批评一通。

当孩子们发生争执冲突时,你难道一定要介入吗?当然不是,那么你主持公道对他们意味着什么,他们永远没有机会学习到如何协调、如何和平相处,而只是一味地想通过求助第三方来解决。其实兄弟姐妹之间的争吵是正常的,你只要远远地保持不参与的状态,才能给他们机会。离开他们争吵的场所,出门暂时远离,一直到风平浪静再出现。孩子看到你,不免会上来告状,你可以告诉他们,这是你们俩之间的事,相信你们可以解决的,保持置身事外,不要被牵扯进去。

有时候孩子在冲突过程中会有一方受到委屈,不必追求这一次的公平,孩子会在受委屈的过程中获得经验,等到下一次,或再下一次,他会试着用自己的策略来反击或者保护自己,这也是孩子今后跟各种各样的人相处的方式。

第九章 家庭会议

家庭会议是全体家人集体参与的、有计划的定期会议，目的是计划决策、给予鼓励和解决问题。这对每个家庭成员来说都是公平民主的机会，让家人一起建立规则、提建议、分享感受、做决定，也有助于提升家庭的和谐。拨出一个固定的时间开展家庭会议，让每个人都有机会静心参与家人关心的各种事。

一、家庭会议守则

（一）定时开会，设置合理时长，轮流主持并做记录

由全家人以民主的方式共同决定参与会议的时间地点，这样才能使会议成为一家人生活中例行的事。家庭成员可以预先做计划，并控制时间来讨论重要议题。时长的设置，要根据你们家庭的实际情况而定，尤其要考虑到孩子的年龄，因为儿童和青少年能参与会议的时长是不一致的，而时长的固定会让孩子懂得时间的有效性，所以这是个需要全家人一起来讨论

的问题。

家庭成员可以轮流担当会议的主持,这既是责任的分担,也是机会均等的表现。首次会议应当由父母一方来主持,其中一个目的是示范会议的流程,你们要确保每个人都有发言的机会,贯彻民主方式的决策法。如果孩子尚且年幼,可以让其参与会议,形成对家庭会议的初步概念。如果你的孩子已经到了学龄期,可以给机会让他在你们的辅佐下主持会议。家庭会议还需要有负责记录的人,对讨论的主题、计划和决策都要做记录,并作为推进实施方案的反思对照,担任记录的成员也要轮流。

(二)平等讨论,人人参与

家庭会议的议题如何而来,你要鼓励每个人提出自己所关切的议题来,尤其是要调动孩子参与的积极性,询问孩子有什么事情要讨论。作为主持人,也可以事先收集议题,在会议中按递交顺序逐项讨论。如果有紧急的议题需要讨论,可以征求全家人意见,民主决定。

一次会议没有讨论完的议题,可以留到下次会议中,并成为下次优先讨论的议题。所有家庭成员一定要有机会对于议论的事项提出建议,最好让孩子和青少年先发言,你觉得有必要时才参与意见。尤其是在会议刚成立初期,如果你们说一大堆建议,孩子就会感受到你们是为了达成自己的意愿,这样孩子就会对会议不感兴趣。当民主的氛围建立起来后,你们的互动便会自然和谐。

(三)营造良好的氛围

家庭会议重在解决问题,要防止的是让会议变成互相责怪、互相埋怨的场面。有一个规定可以帮助你,当谁出现抱怨时,同时要让他提出一个解决的办法来,也可以征求其他人的意见。

作为主持人要敏锐地感受抱怨者的问题,并做澄清,不断地把讨论的重点引导到我们要怎么做、怎样才能解决问题上来。同时家庭会议也并非只注重解决问题,家人彼此的鼓励、分享成功的喜悦、组织休闲娱乐活动等也是重要的组成部分。比如计划一次旅行、安排一场宴会,对于这些活动的准备工作,可以通过家庭会议的方式,大家一起决定一起分配。

(四)合作并坚守承诺

家庭会议重要的一项议程是有关家务事的分配与合作的问题。要让孩子感到自尊自信,为家庭做贡献是最佳的途径,也是培养孩子独立的必要方式。在决定谁做哪些家事上面,你可以和孩子们一起罗列出家事清单,全家人一起决定,什么事可以独立完成?什么事需要合作完成?然后决定如何分配工作,对于大家都不喜欢做的家事,可以通过轮流执行的方式来解决。

会议结束时每个人发表对会议的感想和建议,以便更好地改善和进步。对于会议上所做的任何决议,在下次会议举行之前要确认事情的进展,如果有不愿遵守的约定,可以采用合理后果的处理方式,当然你的以身作则是最好的示范。

二、家庭会议的时机选择

家庭会议成功进行，需要全家人的协作。首先你们要清楚会议的目的功能，保持真诚、平等、合作的心态，与孩子之间确保是彼此尊重和坦诚的，大家在意识上达成共同努力的决心。

如何来评估孩子是否有积极参与的心态？你可以与孩子交流："我们家里有好多事情需要大家的合作，以前大多是我们来决定，现在我们想到，其实很多时候你有很好的想法，哪些事情该由谁来做？怎样做？你的参与对我们来说非常重要，所以我们想要每周安排固定的时间来召开家庭会议。"

三、家庭会议的技巧

家庭会议是建立在尊重每个人意愿的基础上，为了让家庭会议取得有效的进展，需要一些技巧的引导。

（一）结构化操作

以解决问题的目的出发，当谈话偏离正题的时候，主持人就要适时地把话题拉回来。不因旁枝末节的问题而分心，如果是当下无法通过讨论解决的问题，可以暂时搁置。同时在会议进行的过程当中，可以随时把握时机澄清并汇报，以免影响下一个问题的讨论，其目的是帮助会议继续推进，即使大家持不同的观点，也得到了澄清。

会议结束前要把这次会议的决策、承诺的事项等做一次总结与反馈，也有利于每个人在会后按照约定履行承诺。

（二）运用沟通技巧

家庭会议就是一个团体访谈的过程，要善于合理地运用沟通技巧，才能使会议顺利进行下去。当孩子表达时，你要有反应式倾听，让孩子觉得自己是被了解的。而"我信息"的反馈则表达了你的感受，也向家庭成员示范诚实的沟通，在讨论问题的解决方法时，可以运用头脑风暴的方式。

鼓励彼此交换意见，让所有人思考他能想到的方法，不管是稀奇古怪的想法还是看上去行不通的想法，先鼓励每个人说出来，这个方法应用得当，就很容易激发参与者不断提出解决方法的点子，而且只管提建议，不评价、不否定的方式，会更激发参与者的思维。等到所有观点呈现之后，对每个想法的可行性进行讨论，逐一评价，一直找到大家都可以接受的办法为止。

（三）提倡鼓励

在家庭会议中要善用鼓励，这样就会让家庭成员把关注点集中在彼此的长处贡献上，建立彼此更好的信任感和自重感，说出对家人的肯定、赞赏和感激，更好地促进彼此的愉悦感和更好的合作。

案例1：

怡宁家上周家庭会议商量出行方案，每个人都完成了自己的任务。妈妈说："谢谢怡宁和爸爸的合作，这个星期的准备工作都完成了，我感到非常轻松快乐。"爸爸说："这一周的任务完成，我是很感谢怡宁的。"妈妈笑着问："看来你很欣赏怡宁为家里付出的，能具体说说看吗？"

（四）家庭会议中的注意事项

每个家庭的家庭会议模式可能都不一样，但在开家庭会议时有以下两点需要注意：

1. 关于参与的问题

如果没有得到另一半的合作，他不愿意参加，家庭会议还能进行吗？所谓家庭会议是有兴趣的人才参加的，其他人员不一定参与。同理，如果孩子不愿意参加，也无需强迫。他们会在看到会议的合作和成果之后，决定是否参与进来。对于幼小的孩子，只要有沟通能力都可以加入，但对于他们的提早离开也不要过分强求，目的只是鼓励年纪小的孩子的参与意识。

2. 关于议题的讨论

是不是所有的决定都要有孩子参与，这个标准因人而异。建议讨论跟全家人有关的议题，比如家庭旅游、饮食、零用钱、家务分配、家人之间的冲突等，这都可以由全家来讨论。有时还需要讨论上一次反馈的情况。对孩子不遵守、不履行家庭会议约定的后果也要做讨论，可以参照合理后果法所建议的程序，让孩子承担不执行约定之后的自然的、合理的后果。

案例2：

关于家务分配的事情，根据约定，小莉要承担家里小狗的日常清洁工作，并每周打扫狗窝两次。如果不能按约定执行，这会影响到小狗的生活，需要家里有人来替代小莉完成任务，但小莉就要用自己的零花钱来支付家人打扫工作的报酬。

所以，对于执行约定的事情，无论是提醒还是该承担的后果，都要在最初就讲好，如果在相当长的一段时间内，自然和合理的后果法都行不通，那就要再重新考虑你们的约定是否合适，也许孩子压根就不想做这件事情，那么我们就可以重新来约定。

四、家庭会议范例

为了让你更清晰地认识家庭会议，以下是实际范例，供参考。

案例3：

（八岁的弟弟宇哲和十四岁的姐姐宇文，姐姐宇文是这次会议的主持。）

宇文：议程上，今天要讨论的第一件事是妈妈提出来的，关于客厅太乱的问题。（结构）

妈妈：我对大家在客厅休息或活动过后，或者家里来客人之后的混乱状况很关心。每次我看到沙发的靠垫乱七八糟，胡乱歪斜地挤成一堆，有时还会掉在地上。而茶几上摆满了凌乱的水杯，果壳撒了一桌子，当然还有掉落到地面上的，尤其让我生气的是，每次等客人一走，你们也走人了，剩下我一个人收拾。所以我想讨论一下关于客厅收拾的家务的分配问题。

宇哲：爸爸每次都会泡茶，茶具都是他的，靠垫、沙发垫都是姐姐弄乱的，她可喜欢窝在沙发里了。

宇文：哎，你怎么回事，还说我呢，茶几下面那些玩具车是谁的？

妈妈：我不想追究是谁弄乱的问题，我的问题是我们该如何清理？每次只留下我一个人收拾，我感觉到不公平，这是大家的事。（我讯息）

爸爸：我很抱歉，我以前忽略了这件事，对不起。让妈妈一个人收拾，辛苦你了。

宇哲：妈妈，是不是自己弄乱的要自己收拾，大不了我不玩玩具车，沙发应该由姐姐整理。

宇文：你管我干吗？你先管好你的车吧。

妈妈：你们俩看上去好像互不相让，争论究竟是谁弄乱的问题能解决吗？（反应式倾听，澄清感受反馈，并提出真正的问题）

宇文：他每次在沙发上爬来爬去，你们没有看到吗？为什么都变成了我的责任？

爸爸：看得出来，你生气了，我们不去追究这是谁的问题，妈妈现在只想解决问题。（结构，反应式倾听，我讯息）

宇文：好吧，那我们讨论一下该怎么办。

宇哲：每个人整理自己的物品，我只要收拾我的小车就可以了。

宇文：难道你没有在沙发上爬吗？

宇哲：可你是一直窝在沙发上的呀。

爸爸：我们现在是在提意见，但不讨论这个意见是否可行，宇文你是主持哦。

宇文：好吧，我想问谁有意见？（重新导向）

爸爸：我建议，我们可以分工合作，我们先把要完成的事情罗列一下。

妈妈：整理沙发，收拾玩具，清洗茶具，清理茶几，倾倒垃圾，打扫地面卫生。

爸爸：我建议轮流做这些工作，妈妈已经为我们做了很多，接下来我们三个轮流。

宇哲：怎么轮流？

宇文：我建议抽签来决定，我们把要做的工作编号抽签，然后每个人抽取。

爸爸：好的，我觉得这个建议可行，不过由谁来检验整理后的效果呢？

妈妈：我可不想成为监理，相信你们自己可以做到的。（鼓励）

宇文：我们相互检查整理后的效果，这样可以吗？

爸爸：同意。

宇哲：我也同意。

宇文：就从今天开始吧。

妈妈：我很高兴我们能达成协议。不过还有一点，如果谁没有履行这个约定，那该怎么处理？

宇哲：如果谁没有完成，就取消他下一次活动的资格。

大家一致同意。

第四部分 特殊问题的解决

第十章　儿童养育中需注意的问题

一、儿童养育中的注意事项

在幼儿的养育过程中，特别要注意孩子社会能力的培养，这是孩子走向独立的重要过程。在这个阶段，孩子往往受到危险以及新经验的挑战。当你使用自然及合理的后果来为孩子的行为定义界限时，孩子可以从他的行为中获得足够的安全感，这样他才会有勇气向前迈一步。孩子在逐渐长大的过程中，开始学习和懂得社会规则，社会能力增强，包括学习如何遵守规则限制。但不同年龄阶段的儿童，在社会能力及技巧上有所不同。

案例1：

三岁的丽玲正在玩她最喜爱的玩偶熊，比她小半岁的莎莎看着她玩，很想伸手去拿。

妈妈："丽玲，莎莎对你的玩具很感兴趣呢，你是否愿意和莎莎轮流玩儿？"

丽玲："什么是轮流？"

妈妈："妈妈会给你们计时间，你看，莎莎玩3分钟，你可以看着她玩，你也可以做自己的事。时间到了后，小熊回到你的手上，你来玩，我给你计时间……"

丽玲："好吧，我愿意。"

丽玲对这个新的计时玩法还是挺感兴趣的。

这个阶段的孩子开始逐步试探与人的游戏互动，而以自我为中心的概念，跟与人分享、遵守规则之间又存在着矛盾。不要一味要求孩子与他人分享，允许他保留自己独享的部分。就像丽玲如果不愿意跟莎莎一起分享着玩，也不要强求，等待合适的时机，或者把计时时间缩短，先变成一种传递的游戏让她适应轮流的方式。

当孩子四岁的时候，与他人共同游戏的意识不断增强，他们都想多些机会和小伙伴相处。

案例2：

四岁的思林新得到一套仿真厨具。他邀请了邻居欢欢和他一起玩。他们俩在游戏中，思林先行指挥，就像模拟一个家庭一样扮演着爸爸妈妈，既有分工又有合作，玩得很开心。而且一连数周，两个人都是重复同样的游戏场景，玩得不亦乐乎。

有时候欢欢不能来思林家，他就一个人玩，但他口中依然会念念有词，一会儿扮演爸爸，一会儿扮演妈妈，还用一个玩具小熊扮演宝宝。

这个阶段的孩子对事物感知的敏锐度很高，以及自我信赖增强。你在与孩子的互动中，要用成人的智慧、孩子的童心去跟他玩。

到孩子五岁的时候，他的独立意识变得更强了，开始关注和关心身边的家人，并对身边的人有积极正面的感觉，与人合作的能力也有了很大的提升。

案例3：

五岁的小曦升入幼儿园大班之后，似乎变得安静了，也更懂事了。早晨起床后她穿衣、洗漱，都会与妈妈很好地合作。

在孩子逐渐独立的过程中，也要多多地鼓励孩子关心他人，以及和他人合作。

鼓励孩子参与多种活动。对结果不要苛求完美，幼儿期的孩子学会了夸张，想用这种方式引起注意或表达一种愿望，有时常常会夸大其词，你是否急着把这个定义为说谎，并认为这么小的孩子说谎必须纠正？对此你千万不要过度反应，你可以告诉他们诚实更重要。

二、家庭联盟的建立

父母双方都在家庭中承担了自己的角色，但仅"各司其职"还不够，在教育孩子的过程中，还要齐心协力，相互理解、支持与配合，尽可能地保持一致，形成合力，因为教养孩子是一个系统工程。

大量事实告诉我们，只有建立家庭联盟，组建一支"超级舰队"，夫妻双方共进退，发挥各自优势，才能让家庭对孩子的影响最大化，为孩子的发展保驾护航。

那么，该如何建立家庭联盟呢？

平等对待每一个家人。所谓的平等是指父母和孩子双方面的权利，父母享有作为父母的权利，但不必包办他们的一切。只有在平等相待的过程中，孩子才能体验到如何担当自己的责任和行使自己的权利。

给孩子设定合适的目标。父母自身也要端正态度、坚定改变的意愿、保持确信的态度，采用正确的方法和步骤，才能成为有力量有效能的父母。比如，正确评估自己的目标是否合理？过高的期望会让孩子感到受挫，过低的期望又不能发挥孩子的潜能，只有设立适当的目标，并抱有积极的期望，接纳孩子的努力，才能进一步激励孩子，建立起父母和孩子的价值感。

正确认识孩子的成长起伏。我们都希望养育孩子的过程是平坦顺畅的，希望孩子努力向上。但事实上，孩子的成长更像波浪起伏的状态，有进也有退，如果问题反复出现，不必太沮丧，要抓住机会，前进一小步、这也是一个循序渐进的过程。

检查自己的感受。无论采用在何方法，都要以人为本，与孩子同进退，时刻检查自己的感受。如果自己情继波动较大，就给自己一个聆听内心的机会，感受一下自己的情绪发生了怎样的变化。如果你有能力感知并掌握自己的情绪，对孩子的情绪也能感同身受。只要改变自己的信念和行为，你的感觉也会随之改变。

实现自我成长。孩子有自己的生命历程，父母可以把握的只有自己，保持积极乐观的态度，接受有关孩子的一切，实现自我成长，就是对孩子最好的教育。

第十一章 特殊问题的挑战

一、父母离异对孩子的影响

近年来离婚率逐年攀升,父母离婚无疑会给孩子带来负面的影响。如何把带给孩子的负面影响降到最低,你首先要了解对孩子来说父母离婚意味着什么?

(一)罪恶感

罪恶感对一个人来说是最打击自尊的。父母离婚,孩子会感受到罪恶感,尤其是儿童期的孩子。

孩子的年龄尚幼,对于父母婚姻中发生的事情他不能完全理解,况且父母很少也很难开放地会跟孩子谈论离婚的话题,正因为不可言说,才会产生更多的误解。

当父母在离婚阶段,自我的状态是很糟糕的,无法顾及孩子是正常的。孩子感受到自己的生活环境发生变化,他们常常会把责任揽到自己身上，甚至认为是自己不乖才导致父母离异，深陷在罪恶感中的孩子是无法快乐起来的。

案例1：

八岁的一恒跟随妈妈生活，父母刚离婚那会儿，一恒变得特别沉默，虽然爸爸妈妈都跟他说过很多次，"一恒，爸爸妈妈分开是大人的事情，跟你没有关系，我们依然爱你。"但一恒还是会感受到罪恶，尤其是他遇到困难时或者在一些特殊的日子。

有一次，一恒发烧了，妈妈带他去医院看病，挂号、化验、打针……妈妈一个人跑前跑后，累得气喘吁吁。妈妈刚坐下来，就看到一恒掉眼泪了，"一恒，你怎么了？是不是很不舒服？难受得哭了……"

一恒跟妈妈说："妈妈，如果爸爸在就好了……是不是我不乖，爸爸不要我们了，我会变得乖乖的，那样爸爸是不是可以回来？"一恒的话让妈妈在心疼之余，陷入了深深的自责中。

这种情绪其实是很有破坏力的，会让离婚的父母对孩子内疚，想要弥补孩子。如果孩子觉察到来自于父母的罪恶感，则会让孩子利用这一点来达到自己的目标。

在父母离婚后很长的一段时间，妈妈对一恒尽其所能地补偿他。但是反而让一恒越来越黏人，也越来越难以管教。正因为过度补偿而丧失了原则，孩子感受到的是你的无能和无力。

离婚是不幸，但并非灾难，不要让罪恶感吞噬你的情感。可以坚定地告诉孩子:"一恒,爸爸妈妈分开不是谁的错。我们分开是为了彼此过得更好,当然我们居住的情况发生了变化,但我们对你的爱是不变的。爸爸和妈妈依然爱你。你一定要相信。"

(二)外界干预

不管是家里人还是亲戚朋友都会认为单亲家庭的孩子心理会受伤,很可怜,所以会给孩子更多的关心。关心则乱,过多的怜悯会带给孩子怎样的感受?孩子会觉得自己真的很可怜、很糟糕,自己是弱小的,无法应付艰难情况。

案例2:

小叶六岁时,父母离婚了。小叶跟随爸爸居住,但爸爸又经常要出差,很多生活上的照顾会落到爷爷奶奶身上。爷爷奶奶非常疼爱小叶。每次看小叶时,总是认为她是个很可怜的孩子,由于这话常常挂在嘴边,小叶也就认为自己是最可怜的。如果遇到小叶身体不适,诸如感冒发烧,爷爷奶奶就显得很惊慌,会打电话给小叶的姑姑和叔叔。他们会一起赶到医院,陪着小叶或者是给她送各种好吃的。这种被特殊照顾的感觉,让小叶觉得只有自己是弱小的时候、生病的时候才配得到大家的关心和关爱。

(三)惧怕谈感受

案例3:

离婚后,家庭的格局环境都发生了很大的变化,而要公开坦诚地谈论生活的变化,以及由变化带来的感受不是件容易的事。一恒父母离异后,每每到了晚餐时间，一恒看到原来爸爸坐的位置是空着的，他总会陷入沉默中。有时候是抿嘴巴，有一种想要哭的冲动。

妈妈知道一恒把这种情感压抑了很久，特别心疼，"一恒，我们开饭了，你是不是想爸爸了……"一恒摇摇头，他怕妈妈伤心，连忙说："不是。"妈妈继续对一恒说："妈妈看到你在看爸爸坐的那个位置，我想你肯定是想爸爸了，这样的想念是正常的，因为你对爸爸很关心。我们吃饭了，而爸爸不再跟我们一起吃饭，你很难过是吗？"

一恒点点头："是的，我在想爸爸这时候吃饭了没有？"一恒的眼泪簌簌地流了下来，妈妈拍拍他的肩，知道一恒需要一段时间来适应和平复他的情绪，哭也是正常的，"饭后，你可以给爸爸留言，或者写在你的小本子上，下次给爸爸看，爸爸一定会很开心的。"

妈妈反应式倾听，不断帮助孩子澄清内心的感受，对于孩子来说，这需要经过一段时间来整理他的心情，才会让他的情绪调整过来。

（四）攻击

有些离婚家庭的孩子，常常会被父母当作武器一样来攻击对方，孩子就像被拉扯或夹缝当中求生存，父母离异是大人之间的问题，不是孩子该担当的责任，无论你对对方有多么不满也不该在孩子面前攻击对方。

案例 4：

佳乐七岁的时候，爸爸妈妈离婚了。佳乐知道爸爸有了新家庭，也在大家的各种言谈中知道了父母离婚跟阿姨的介入是有关系的。但并没有人跟他清楚地说过是怎么回事，他也不敢问。

　　佳乐每次跟妈妈谈起爸爸的时候，妈妈对爸爸是满腹的怨言，以至于让佳乐认为这是一个不能谈的话题，或者会让妈妈伤心生气的话题。而当他特别沮丧或者与妈妈发生冲突时，他会以爸爸来攻击妈妈，妈妈觉得孩子不懂事，其实这是对妈妈长久以来对孩子攻击的反作用而已。

二、重组家庭关系的处理

　　成为继父母是一个很大的挑战，为了更快地融入家庭、被孩子接纳，大多数继父继母会很着急，但是太过着急地想要找到自己合适的位置，往往适得其反。

　　如果孩子对你的进入心怀不满，他会处处与你作对。反之，如果孩子有罪恶感，她可能会用讨好来取悦你。无论怎样，日子久了，你们还是会因双方的差异产生摩擦。所以在进入新家庭以后，不要急着去寻找自己的角色，先观察找到正确的方向，用合适的方式相处更重要。

案例5：

　　宁一成为了十岁的朱珠和六岁的妹妹茜茜的新妈妈。虽然跟爸爸结婚之前，她已经和两个孩子相处得挺不错，但真正进入这个家庭之后，关系还是发生了微妙的变化。姐姐朱珠的态度变得非常的冷漠和敌对，妹妹茜茜倒是很愿意亲近宁一。但宁一马上就觉察到茜茜大多是与姐姐有矛盾时会跑来跟宁一套近乎。宁一保持着自己的立场，持续不断用反应式倾听和"我讯息"来与孩子们互动。

茜茜："阿姨，姐姐不给我玩她的抱抱熊。"

宁一："茜茜，听上去你有点受委屈哦，谢谢茜茜告诉我你的想法，我愿意听你说。"

茜茜："我只是想抱抱它，姐姐就很凶地说不可以，还让我离它远一点。"

宁一："那你现在是因为没有抱到小熊而失落还是因为姐姐不允许而难受呢？"

茜茜："我只是想要抱一抱。"

宁一："是这样子吗？（宁一张开手臂，茜茜就扑向她的怀里）如果要跟姐姐的小熊玩，你怎样说姐姐才会同意呢？"

茜茜："我会跟姐姐说……"

同样，宁一对待姐姐朱珠依然很耐心，她知道需要给孩子时间，让她逐渐适应家里多了一个新成员的生活。

作为继父或继母的另一个原则是，要认清孩子对自己的亲生的父母始终是存在着特殊的依恋，允许孩子对配偶的前任保留位置，不管你们的关系多么融洽，你都无法取代。

如果你和另一半以及对方的配偶之间在教养孩子上有不同的意见，你们需要彼此沟通了解，把教养问题归属权先分清，在这种复杂的情况下，家庭会议和协商沟通的谈话在混合家庭中特别有用。这是给家庭提供了一个平台，理解家人的感受，表达彼此的意见。

要跟子女建立良好的关系，合作是最佳的途径。寻求孩子的帮助，合力做一些事情，可以增进你们的情感交流。

案例6：

李明是小小的继父，小小七岁时，李明搬进小小家。刚开始，小小对李明是彬彬有礼，但总有着隔阂，让气氛不那么轻松。李明看到小小非常喜欢小兔，李明就买了小兔子送给小小。

李明和小小一起帮小兔安家，给小兔喂食。还告诉小小，"谢谢你，小小，我真喜欢你养的兔子，也喜欢你对兔子的爱心。"随着不断的相处，小小自然跟李明亲近多了。

如果是青少年家庭，作为继父母是更大的挑战。如果能把青少年当朋友相处，不失为一种好方法。

案例7：

王阳是15岁男孩小凯的继父，让王阳头疼的是，小凯在一家人相处时非常通情达理，可跟王阳单独相处却是咄咄逼人了。他知道要给孩子多一点时间完成心理转换，同时也要找良好的时机。

他们俩有共同的爱好是打篮球，王阳就跟小凯说："今天天气不错，我想请你一起去打个篮球，陪我练练手。你什么时候方便？"小凯不搭理他。

不过，王阳每次去打球，几乎都会跟小凯打声招呼，邀请他一起去。几次之后，小凯愿意出门跟王阳一起打球，逐渐地这成了他们俩单独相处的时间，就像哥们一样，小凯也愿意更多地和王阳交流了。

三、青少年特有的问题

（一）说谎

面对青少年说谎的问题，你需要思考一下你的言行，是否曾在孩子面前演绎谎言？面对纷繁复杂的生活，你有时也难免编个谎话来开脱。如果你不想参加一次晚宴，你会推脱人在外地或者身体不适。诸如此类的做法，在无形之中就给了孩子示范，说谎有时是可以的。你可能会说我是不得已的善意的谎言。是呀，你说谎是有目的的，青少年也是如此，说谎可以逃避惩罚，可以作为报复、寻求刺激的手段。

如何应对青少年的说谎？首先要判定问题的归属。如果他是想引起注意寻求优越感，你就要不为所动，只需要倾听，不要随意揭穿。捕捉青少年积极正面的行为，哪怕是细小的。这样就会让他知道，父母对他的正面行为会更多关注，而不是通过谎言来吸引注意。可是假如青少年还是持续说谎，你可以找机会跟他讨论。

案例8：

15岁的阿华是校篮球队的一员，为了迎接篮球比赛，阿华要留下来集训。而集训带来的后果是写作业时间会非常紧张，有时匆忙之下忘了写作业。

阿华在父母面前夸夸其谈篮球训练，而爸爸问起他的学业时，他又吞吞吐吐，含糊其词。爸爸看出来阿华说谎了，但没有直接揭穿他，一连好几次，阿华还是只说关于集训的事。

爸爸对阿华说："我很高兴，你能跟我分享篮球集训队的趣事，但我也关心你的学业，你是不是在两者的时间分配上遇到了一些困难，我愿意跟你交流一下。"通过信息的反馈，并探索多种选择来帮助他。

假如青少年的说谎是因为达不到你过高的期望或要求，只能用说谎来暂时逃避惩罚，那么你就要审视一下自己的期望是否合理了。

案例9：

小郑的爸爸平时对他很严厉，小郑在爸爸面前显得很胆小。这次语文竞赛，爸爸对他寄予了很高的期望，然而小郑考得并不理想。傍晚一回家，爸爸一看到小郑就问："那个语文竞赛成绩出来了吗？"

小郑一抬头，看到爸爸急切的眼神就发怵了，"还没呢，应该得过两天吧。"小郑的心扑通扑通跳得可厉害了，他庆幸暂时躲避了爸爸的问话，于他而言，说谎是为了保护自己。

面对青少年的说谎行为，你对他只有信任和尊重才是与他重新建立良好关系的基本态度。说谎本就意味着你们的信任关系出现了问题，如果你越能接纳和鼓励青少年，他就越不需要说谎。

案例10：

小江一直想买一套游戏装备，但父母没同意。这次他偷偷省下零花钱，还跟同学借了200元，买到了游戏装备。妈妈发现后问小江是怎么回事，他支支吾吾。

妈妈："你隐瞒了事实，我感觉到很失望，因为我一直很相信你。"（用"我讯息"既表示你的心情，也表达了对他的尊重。）

小江："是的，我用积攒的零花钱，还跟三位朋友借了钱，我太想拥有那套装备了。"

妈妈："谢谢你说了实话，我很佩服你说实话的勇气。"（当他说了实话之后，妈妈的表达欣赏会让他更勇敢地面对。）

小江："我知道，我不该跟同学借钱，我错了。"

妈妈："我们先不追究你哪里错了，先来讨论一下，你接下来要怎么做？"

（二）愤怒

青少年是思维意识改变最快的阶段，而情绪上又很难把控自己。他们对事情的看法容易走向极端，愤怒成为青少年最典型、最难调整的情绪。如果青少年的愤怒是无端发脾气，你不要过多干涉，冷处理不失为一计良策，给他发泄的空间，等待他恢复平静。如果他的愤怒是针对你或者是指责你，同样要选择恰当的时机，给予"我讯息"的反馈。

案例 11：

珊珊最近学习压力过重，看着桌上未完成的几份卷子，心中很懊恼，这时候正好妈妈走过来敲门。

妈妈："珊珊，你喝牛奶吗？我可以帮你热一杯。"

珊珊："烦不烦，每次都不经过允许就进来。"

妈妈："看来我惹你生气了？"

珊珊："是呀，明知道我会生气，你还要来。"

妈妈暂时退避三舍。过了不久，珊珊似乎平息了怒气。

妈妈说："我知道你刚刚很生气，是你遇到了什么困难，我可以怎么帮你？"

珊珊："对不起，我不该向你发火。"

青少年的愤怒有时来得莫名其妙，而且他已经吃透了你的套路，有时需要调整一下你惯用的应对方式，或许会收到意想不到的效果。愤怒的青少年也是需要鼓励的，鼓励表示你看到了他的愤怒。他的愤怒是在表达宣泄，他的情绪是在宣扬他的独立，通过鼓励可以和青少年探讨多种解决问题的途径。

案例 12：

肖杨自进入初二以来，成绩波动非常大，妈妈每次询问有关学习的情况，他就显出一副愤怒的样子。为了暂时避免冲突升级，妈妈就不理他。以此来显示"你对我不尊重，我也很生气"。两个人从来没有真正讨论过学习上碰到了什么样的困难。

这次妈妈转变了态度，面对肖扬的愤怒，妈妈柔和了许多，"你现在很生气，这或许是你舒缓压力的一种方式。但是你对我大声吼，让我感觉到很无奈，很受伤。"妈妈继续说，"如果你觉得情绪舒缓下来，是否愿意跟我聊一聊？"

肖扬的情绪也平和了许多，"等我安静会儿。对不起。"妈妈拍拍肖扬的肩，"好的，你可以随时叫我。"看上去妈妈平息了一场愤怒，其实也为展开讨论找到了一个切入口。

（三）依赖

依赖的青少年显得处处无能，对你经常呼来喝去。从日常生活的穿衣吃饭到学业功课，你样样都要操心。这样的孩子好像什么都不会做，你也觉得孩子永远都长不大，这让你自身也会感到非常受挫。

虽然你处处替他着想，替他帮忙，但是结果，他的能力反而变得越来越弱。依赖的青少年是让别人更多地关注他，对他有特殊的照顾，他通过表现能力不足、事事退缩，这样他就可以不必负担家中应有的义务。

所以要让青少年成长，就要发展他的自尊和自重，发挥他的潜能，不要埋没了他的优点和长处，及时地肯定他的进步，当你用积极的眼光去看待他的时候，你就能捕捉到他的优点，看到他的积极努力，及时给予鼓励。

案例13：

杰豪妈妈对他的生活照顾得可以说是无微不至，从上周家庭会议后，他们约定，杰豪将自己整理房间，妈妈每周六检查整理的成果，如果不过关，将取消周六晚上的运动时间。实行的第一周，杰豪就没能完成自理的任务，妈妈按照约定，取消他的活动时间。爸爸妈妈跟往常一样去球馆，杰豪只能在家开始整理。

　　孩子的成长在不同的阶段会经历各种状况。我们总期待成长和学习能持续向上发展，而实际上这是一个跌宕起伏循环往复的过程。你跟孩子的关系影响着孩子的成长发展，你所能改变的是你自己，你的改变才会影响到孩子的变化。只要你确认自己并非要去掌握和改变他人，就表示你已准备接受自己，也接受了孩子。

　　接纳自己是个人成长的基本原则，也可改善跟所有人的人际关系。所以要跟孩子保持良好的有效关系，你要对照孩子的发展时刻检视自己的期望是否合理。孩子是有能力走向他自己的人生的，积极的期望会带来孩子积极的努力，以及与你的合作；消极的期望则相反。很多人会觉得自己在对孩子的教养上花了很多心血，可结果依然不如意，切不可如此下结论，把自己和孩子都逼上完美的路。

　　允许孩子犯他的年龄段该犯的错误，也允许自己在当父母这条路上犯错，我们都是从错误中学到更多的人生经验，你要永远坚信，无论遇到怎样的情况，孩子都是在不断向上发展，你不但要鼓励孩子，也要适时鼓励自己。在孩子成长当中，亲子关系会不会迎来所谓的叛逆期并不存在明确的分水岭，只要你有勇气把重心放在鼓励和合作上，任何关系都是能够得到改善的。